中蒙俄"万里茶道"旅游深度合作研究

刘俊清　高德利　著

中国商务出版社
·北京·

图书在版编目（CIP）数据

中蒙俄"万里茶道"旅游深度合作研究 / 刘俊清，
高德利著. -- 北京 ：中国商务出版社，2023.11
　　ISBN 978-7-5103-5001-6

　　Ⅰ．①中… Ⅱ．①刘… ②高… Ⅲ．①旅游业－国际
合作－经济合作－研究－中国、蒙古、俄罗斯 Ⅳ．
①F592②F593.11③F595.12

　　中国国家版本馆CIP数据核字（2024）第001671号

中蒙俄"万里茶道"旅游深度合作研究
ZHONG–MENG–E "WANLI CHADAO" LÜYOU SHENDU HEZUO YANJIU

刘俊清　　高德利　　著

出版发行：中国商务出版社有限公司
地　　址：北京市东城区安定门外大街东后巷 28 号　邮编：100710
网　　址：http://www.cctpress.com
联系电话：010-64515150（发行部）　010-64212247（总编室）
　　　　　010-64243016（事业部）　010-64248236（印制部）
策划编辑：刘文捷
责任编辑：谢　宇
排　　版：德州华朔广告有限公司
印　　刷：北京建宏印刷有限公司
开　　本：787 毫米 × 1092 毫米　1/16
印　　张：9.75　　　　　　　　　　　　字　　数：175 千字
版　　次：2023 年 11 月第 1 版　　　　印　　次：2023 年 11 月第 1 次印刷
书　　号：ISBN 978-7-5103-5001-6
定　　价：68.00 元

前　言

　　当17世纪"万里茶道"的符号形象重现在世人面前时，它的文化内涵和旅游价值，立刻成为文化旅游产业研究者深度挖掘的产业课题。一条线，三个国家，235个城市，"万里茶道"从两个世纪前的国际商贸通道，经历史洗礼，被赋予了重现晋商辉煌和汇集旅游价值的新意义。"万里茶道"横跨中、蒙、俄三国，路途之遥远，故也被称为"茶叶之路"。"万里茶道"起点为中国福建武夷山，经江西、湖南、湖北、河南、河北、山西、内蒙古，走出国界至蒙古国乌兰巴托和俄罗斯恰克图、新西伯利亚市、圣彼得堡等城市，是欧亚大陆重要的经济文化通道。横跨欧亚大陆的"万里茶道"，是继丝绸之路后又一条国际商路，虽然其开辟时间比丝绸之路晚了一千多年，但是其经济意义以及巨大的商品负载量是不容忽视的。

　　"万里茶道"干线总长1.3万～1.4万千米，几百年间沧海桑田、商贸往来使得茶道举世闻名，成为共建"一带一路"倡议中不可或缺的一部分，具有举足轻重的作用。它带动了沿线各城市的经济、文化、商贸交流，沿线的旅游产品类型多样、民族文化多元丰富、民风民俗原始淳朴，极具吸引力和独特魅力，形成了独特魅力的世纪大道，也是欧亚大陆重要的经济动脉和文化通道。"万里茶道"不仅对经济效益提升做出了不可磨灭的贡献，而且为沿线各国文化交流、旅游就业、文化自信、形象塑造等起到重要的助推作用。

　　万里茶道"是文化线路遗产，沿线汇集了丰富的文化遗产，比如因茶叶运输而闻名于世的水路交通线、各类有形与无形的文化遗产、茶叶运输与交易形成的自然与人文环境、茶叶贸易变迁过程形成的小镇等，对各国游客产生了强大的吸引力。"万里茶道"也是世界历史变革发展的见证者，中国从封闭社会融入世界体系，其兴衰荣辱与"万里茶道"有着不可分割的联系。"万里茶道"的历史价值与文化价值兼具，于2019年3月列入《中国世界文化遗产预备名单》，走向世界舞台，成为世界文化交流与文明互鉴的重要桥梁，将中国茶文化与茶产业推向世界，让世界了解中国。伴随着"一带一路"建设进程的加快，"万里茶道"成为人类命运共同体发展的重要载体和文化纽带。

"万里茶道"近年成为热门话题，有关茶叶之路的研究逐渐增多。在国内有关"万里茶道"的研究以历史题材、经济合作机制较多，文献资料丰富，并且就茶叶之路而言对晋商和中原地区的研究更为广泛。而对"万里茶道"中蒙俄文化旅游合作机制的研究较为匮乏。"万里茶道"是中西方文化与文明的交流通道，是有待不断挖掘的旅游资源宝库。从2013年开始，"万里茶道"成为中蒙俄三国文化和旅游部合作的重要内容，多年共同努力已经取得明显成果，逐渐成为新时期的热门国际旅游线路。沿线的主要省区、节点城市、景区等抓住"万里茶道"重建的历史机遇，深挖特色旅游资源，打造丰富多样的旅游产品，进一步提升了相关城市、景区的旅游品质及综合影响力。本书通过对中蒙俄"万里茶道"旅游合作的研究，希望对沿线城市的对外开放、商资合作、文化交流、经济发展、旅游互动、招商引资、民族友好等诸多方面，起到举足轻重的推动作用。

作　者

2023年10月

目 录

第一章

绪　论

　　"万里茶道"在300多年的历史长河中，历经形成、发展、繁荣、衰落，沧海桑田，大起大落，极具划时代意义。虽然曾经的盛世成为过眼云烟，但沿线各国各城市的文化历史遗迹历历在目，以新的姿态展现在世人面前，发挥着重要的作用，见证着历史的变迁。"万里茶道"虽然始于茶叶商贸，但更是一条文化大道，沿线布满丰富多彩的文化遗产，极具历史价值和文化价值，享有盛誉。有形的文化遗产主要有规模不一的各类茶园、古村落等；还有驿站、码头、路亭、关口、桥梁等交通遗产；厂房、器械、工具等加工类遗产；商贸类遗产最多，也最能反映老百姓的安居乐业，包括茶庄、钱庄、茶行、茶栈、仓储房、饭馆、客栈、银行、票号、镖局等；祠堂、会馆、寺庙、教堂等礼仪类遗产；标志性建筑、碑刻、摩崖石刻、墓葬等纪念性遗产；以及采摘工具、加工工具、运输工具、包装工具、交易工具和茶样、票据、茶章、账簿、路引、合同、公文、手册、日记等可移动文物。无形文化遗产则包括茶叶生产、运输、交易过程中与衣食住行相关的生产生活习俗，与茶事有关的礼仪、宗教仪式、同业同乡聚会、节日庆典等习俗和行商日记、票证、票号、账本、档案等文献，与茶有关的语言、文学、音乐、舞蹈、戏剧、美术等文化艺术，与茶事活动相关的地名，以及茶叶品种选择、种植管理、采摘、制作等传统技艺。中蒙俄边境人民是三国文化、历史、经济、政治的见证者、参与者、执行者、守护者，在跨境商贸往来中发挥重要的桥梁和纽带的作用。因此，探讨中蒙俄"万里茶道"旅游深度融合的必要性、分析跨境旅游资源及旅游合作路径具有重要的划时代意义，对于提升"万里茶道"的国际知名度、认知度、影响力和凝聚力具有重要的意义。

第一节　研究背景

一、三大倡议的高度契合

　　习近平主席在2013年访问中亚及东南亚国家期间，先后提出共建丝绸之路经济带和21世纪海上丝绸之路重大倡议，表达了中国愿意与其他国家合作交流以促进共同繁荣发展。随着中国经济日新月异的发展，在资金、技术、人力资源等各方面均具备了强大的实力去实现"一带一路"的倡议构想，并能够带动沿线国家共同和平发展。中国提出共建"一带一路"倡议后，蒙古国充分把握这一历史机遇，依托地处中俄两国之间的区位优势、丰富的资源优势、产业优势等，蒙古国于2014年11月提出"草原之路"计划，旨在通过能源运输通道与中国共建"一带一路"倡议、俄罗斯"跨欧亚大通道"倡议战略对接，以此实现矿业兴国、融入国际市场的愿望。

"跨欧亚大通道"的战略思想最早是由俄罗斯提出来的，内容涉及国防、高新产业、能源、基建、人力等全方位、全体系。目的就是通过该通道连接中国、蒙古国，特别是将俄罗斯东部接壤城市发展成为重要基地，包括能源储备、粮食加工生产、矿产输出、木材加工等，实现互联互通，发挥欧亚大通道的作用。

随着共建"一带一路"倡议的提出，中国已经取得了许多高质量的发展成果。2019年，习近平主席在"一带一路"国际合作高峰论坛上提出了高质量共建"一带一路"的新理念。2020年6月18日，针对新冠疫情影响，习近平主席在向"一带一路"国际合作高级别视频会议发表的书面致辞中进一步提出了高质量共建"一带一路"这一理念。此外，自2019年高质量共建"一带一路"提出后，中国2020—2022年连续三年的政府工作报告中均指明要高质量共建"一带一路"；从2019年起关于"一带一路"的倡议、理念均转为如何高质量共建"一带一路"，其成为学界和社会共同关注和研究的话题。

中蒙俄三国的战略高度契合，充分表达了各国的利益诉求和发展愿望，都能充分发挥本国优势来推动战略目标的实现。2015年3月，国家发展改革委、外交部、商务部联合发布了《推动共建丝绸之路经济带和21世纪海上丝绸之路的愿景与行动》，推动了中蒙俄经济走廊协同发展，推进了三国旅游深度合作，并为这一战略行动提供政策方面的保驾护航。2016年6月，三国签订了《建设中蒙俄经济走廊规划纲要》，更加坚定明确在各个领域举全力发展，包括基建、生态、投资、口岸、边防、经贸、文化等，全面深入地发展有利于三国更加明确方向，产生巨大的协同效应。

二、经济发展的共同诉求

国家发展与民族生存离不开经济的持续增长、资源的有效保障以及进出口贸易的顺畅等。中国的经济正处在转型升级和快速发展的关键时刻，但也存在很多问题，比如经济结构不完整、资金投入力度小、地区经济发展差异大、产业协调不完善等。这些问题得不到解决势必对跨境贸易产生障碍，阻滞融合发展的进程。因此，亟须构建安全、便捷、高效的贸易通道来推进三国经贸往来的顺利进行。我国当前的经济发展在高速运转，走上了高质量快车道，在人力资源、技术设备、资源储备等方面具有突出的优势，加之国家给予了宽松而有利的政策支持，推动经济快速发展和转型升级是必然结果。

蒙古国的地理位置在中俄之间，形成被两国包围的内陆国家。蒙古国与中国接壤面积最多，东南西三面均有领土接壤，北面与俄罗斯接壤，和中国边界线长达4 700多千米，与俄罗斯边界线长达3 500多千米，唇齿相依。特殊的地缘结构使得蒙古国与国际市场接轨处于劣势，融入国际市场的速度慢、效果差。蒙古国拥有丰富的资源储备，但极为匮乏的是资金、技术、劳动力等，这就导致其大量的资源得不到有效开发，闲置且效率低下，贸易结构单一，基础设施建设滞后，社会运行机制不健全，对外开放程度较低，对中国和俄罗斯的依赖程度较高，经济发展环境亟须得到改善。

俄罗斯的地缘结构横跨欧亚大陆，长期与欧洲有着密切的经济、政治、文化交流，而与西伯利亚和远东地区相对疏远，交流甚少。目前俄罗斯在以下方面存在劣势：基础设施建设落后、资源开发力度不足、人力资源严重匮乏、先进技术供给不足等。国内经济发展不平衡，国际关系紧张，尤其是乌克兰危机给国家带来较高的经济负担，能源等价格下跌而带来沉重的经济负担，使得老百姓生活成本居高不下，亟须通过拓展与东亚市场的深度合作，来缓解国内国际的紧张局势。

三、安全环境的保障基石

中国与俄罗斯和蒙古国的边界线长，是国家发展的安全屏障。蒙俄两国在政治、经济、外交等方面的和平共处也为中国经济的发展提供了相对安全的环境，是中国经济高质量发展的保障。随着中国经济的快速崛起以及东亚国家的飞速发展，东北亚各国之间的地缘政治矛盾和经济摩擦越来越多，阻碍中国脚步的因素日益增加。如何保持中蒙俄三国良好的国际关系成为我国一直以来高度关注的问题，因为这种和平关系会有效保障我国的地缘环境安全，且有利于中国经济的快速发展。蒙古国独特的地理位置使得中俄两国的依赖性相对较高，其政治、经济、文化的贸易均要与中俄两国有更多的交集，相对地缘政治环境较差，在国际交流合作中相对受限。从21世纪开始，蒙古国实施了"第三邻国"的外交政策来调整困局，希冀通过与其他国家开展经贸往来以弱化对中俄的依赖，形成突围态势。该外交政策虽然缓解了地缘政治压力，但使得多国与蒙古国交织在一起的经济利益愈加难解，带来更多的安全隐患，更加剧了蒙古国的国内形势，新的问题不断涌现。于是，蒙古国重新审视与中俄的国际关系，更加重视通过构建和谐的中蒙、蒙俄关系来保障国内经济政治的平稳运行。

俄罗斯的国土面积辽阔，横跨欧亚大陆，有一定的地缘优势。随着苏联解体，俄罗斯在国际的地位和影响力也发生了巨大变化，地缘政治带来的优势变得更加严峻，金融危机带来经济持续低迷的后果，国内经济发展缓慢，俄罗斯不得不借助东亚国家的合作交流来打破窘境。尤其是中俄的合作至关重要且影响深远，对于遏制美国的"亚太再平衡"战略、构建和平的周边局势、维护东亚地区安全有着重要的战略意义。

四、"万里茶道"的战略地位

"万里茶道"孕育了丰富多彩的文化遗产资源，虽已不具有当年的辉煌，但其在茶叶的栽培、采集、加工、运输、销售等各环节孕育的文化遗产却世代流传。如在茶道各节点均可见到与茶叶相关的仓库、桥梁、码头、寺庙、会馆、古道、驿站等，这些文化遗产类型多样，具有鲜明的地域特色和多元文化特征，吸引着无数游客的目光，同时见证了中国明代以后商贸繁荣发展的变迁，为中国文化的传播与交流奠定了良好的基础，是强劲的推动力。丰富的文化遗产具有极高的历史和文化价值，对学者们研究中国古代史、茶文化史、交通史、贸易史等有极高的参考价值。"万里茶道"是中国与世界进行经济文化交流的大通道，是茶叶运输和贸易的国际商道，是贯通欧亚的"世纪大动脉"。共建"一带一路"倡议由我国于2013年提出，得到越来越多的国家积极响应，并逐渐落实、贯彻转化为行动，成为造福世界各国人民的繁荣之路、共赢之路、绿色之路、开放之路。近年来，内蒙古与俄蒙两国的合作交流机制日益完善，2016年成立的"万里茶道"国际旅游联盟，成为中蒙俄三国旅游交流的重要平台，以旅游带动"一带一路"的发展。该联盟对运行机制、产品营销、合作交流等进行了明确，推出一系列与"万里茶道"相关的旅游产品，目的是打造"无国界的旅游目的地"。该联盟最初的成员有12家，目前达到24家，成员数量日益增多。其目的就是要将中国故事与中国文化传向世界，做好文旅融合，创新合作机制，推进产业协同，将"万里茶道"的国际影响力和知名度进一步提升，打造品牌效应，扩大市场规模，不断促进各国人文交流与合作，共同推进非物质文化遗产的保护、开发与传承，推动人类文明走向辉煌。

旅游业的联动效应很强，对其他产业的带动作用明显，具有一定的"涟漪效应"。在"一带一路"建设中，旅游业能够带动其他各产业共同发展，互联互通，将沿线各地的民族文化、非遗、宗教信仰等进行共促共荣，人文交流与文化认同明显提升，跨境旅游夯实了中蒙俄经济走廊的发展基石。中蒙俄作为东北亚地区的主要国家，具有较强的地理、资源、人文优势，我国可以与之进行多方面的交流与合作，在多产业、多部门、多领域展开综合交流，实现三国互惠互利的共赢发展之路。因此，探究中蒙俄三国旅游的跨境合作，对"一带一路"的建设具有十分重要的意义。

第二节　研究目的及意义

一、研究目的

建设中蒙俄经济走廊对我国以及其他沿线国家的经贸友好往来具有十分重要的意义，不仅推动我国经济社会的高质量发展，而且可以有效推动三国在政治、经济、人文等领域的多方面合作与交流。目前学术界对中蒙俄三国旅游业的研究较为热门，且以单个成员国的经济情况和经济指标做定量研究与比较分析。本书以中蒙俄三国跨境旅游深度合作为研究对象，揭示"万里茶道"历史变迁所带来的转变，提升"万里茶道"的文化价值、资源开发机制与市场营销策略等，夯实理论基础，创新实践机制，将"万里茶道"的国际影响力和号召力不断推进。

二、研究意义

首先，分析中蒙俄三国旅游业的发展条件、资源基础、合作概况等，有利于推动三国旅游服务贸易来往健康有序地发展，借鉴各国的发展经验，从而提升我国旅游服务贸易的竞争力。因此，分析中蒙俄三国旅游业发展概况，结合当前国际国内环境与局势，采取有效的发展策略，使得我国旅游业发展少走弯路和错路。

其次，分析中蒙俄三国旅游资源的实际条件及跨境旅游合作概况，找到共同的契合点，有利于将旅游外交战略落到实处，不断推进"万里茶道"的深度合作，以构建"跨境旅游合作区"来打造旅游品牌，不断完善合作机制。

最后，推进中蒙俄跨境旅游合作有利于深入落实"一带一路"倡议，构建人类命运共同体。本书以旅游为契机，以推进三国跨境旅游合作与共赢为宗旨。旅游业是综合性产业，能够影响一国的政治、经济、文化、社会等发展，是以点带面的有力举措，是真正的"民间外交"，还可以促进各国之间的交流与合作，增进民众情感。

第三节　国内外研究综述

一、跨境旅游合作相关研究

关于跨境旅游的研究在学术界成果较丰富，层出不穷。Matznetter（1979）对跨境旅游的内涵做了深入浅出的阐述，并按照旅游与边境的位置将其划分为三种类型：远离边境线的旅游、紧邻边境线的旅游、穿越边境线的旅游。按照旅游区与边境线距离的远近，梳理出三种态度：阻碍、支持、激励。在三种不同的旅游态度中，重点强调了激励态度能够更好地促进国际交流与合作，为旅游业的发展带来各种机遇，不断创新旅游体系，推出丰富的旅游产品。跨境旅游研究的重要代表人物Timothy以政治视角审视跨境旅游，提出政治边界的稳定性及边境环境的独特性是确保跨境旅游顺利进行的前提和基础，也是旅游能够独具吸引力的重要前提。以此作为跨境旅游合作的理论基础，通过设立专门的跨境旅游目的地由相邻两国通过合理规划和引导来进行管理。Freeman和Felsenstein（2001）以旅游业和博彩业为研究对象，选取埃及和以色列交接区域，以博弈论为理论指导，对跨境旅游竞争给交界国家的经济造成的影响进行分析，结果表明，跨境旅游有其必要性与价值，对相关国家的政治、经济、社会等均有深远影响。Shin（2007）探究了韩国、朝鲜军事训练之外区域的游客的心理感受、情感体验和感知态度等，结果表明，游客们都比较赞同韩国、朝鲜在军事训练以外区域开展和平旅游是推动两国关系向好的重要因素。Hartmann（2006）认为，实施跨境旅游社区管理，可以将旅游的形式、对象、产品等更加细化，提升其专业性与有效性，符合市场需求，提升顾客满意度，推动跨境旅游持续深入发展。Makkonen（2016）以丹麦—德国边境的日德兰半岛为研究对象，从市场营销的视角对旅游目的地、旅游购物的影响力进行研究，结果表明，在跨境旅游过程中，如果能够实施旅游目的地市场营销战略联合、协同发展，可以进一步提升旅游目的地形象，吸引更多游客的光顾。Izotov和Laine（2013）将芬兰—俄罗斯边境地区作为研究对象，研究了跨境旅游过程中存在的问题与矛盾，结果表明两国差异越小越可以提升游客的关注度与满意度，差异越大越会影响双方合作的效果，不利于协同发展。Hitchner（2009）以东南亚的婆罗洲为研究对象，研究结果表明跨境合作面临诸多困境，如生态保护、基础设施建设、传统文化保护、可持续发展等。

国内学者针对跨境旅游合作开展的研究不多，仍然处于起步阶段。但随着丝绸之路经济带建设的深入推进，相关的研究成果也日益增多。当前学界对于跨境旅游的概念、内涵并未做明确的界定，很多学者将跨境旅游归为边境旅游的范畴，其内涵无太大差别。孔钦钦等（2014）认为，跨境旅游就是出境游，二者本质相同，并对边境游的概念、内涵、特点、对策等提出独到见解。贺传阅等（2014）认为跨境游在国际旅游中有着重要的作用，他针对中俄边境旅游的发展特点，提出合理化建议，从旅游产品、旅游线路、营销宣传、政策制定等方面进行了深入浅出的分析。熊远光（2015）提出构建跨境旅游合作体系的建议，利用现有的大好时机尽快与邻国开展全方位的跨国旅游合作项目，以加快一体化进程。唐承财（2016）对中越跨境旅游战略合作圈的边境城市展开调研，针对跨境旅游业发展中存在的问题提出了合理化的营销措施。梁茂林等（2016）认为共建"一带一路"倡议的实施，推动了东南亚国家旅游业的飞速发展，为边境旅游合作奠定了空前利好的政策基础，不仅实现了资源共享，而且能够互推旅游产品，经贸往来更加频繁，人文环境建设良好。赵欣（2019）认为跨境旅游的发展需要双边国家积极主动、有效促进，突破行政区域限制和政策壁垒，共同努力建设双边关系，整合资源提升旅游资源的附加值，实现边境旅游的跨越式发展。张鑫（2019）认为加快中蒙俄跨境旅游合作的关键在于加强旅游基础设施建设，实现资源互补、产品流通，旅游要素加速流动，推动一体化进程。

由此可见，跨境旅游是当前国际旅游发展的趋势和热点，其研究领域涵盖地理、生态、经济、政治、文化等多领域多学科。当前学界大多采用定性方法、案例分析法等展开研究，定量方法应用较少，无法全面、客观地展现各国的资源基础、国家政策、合作机制和发展路径等。因此，多科学交叉的定性与定量相结合的方法更适合跨境旅游的研究范畴。

二、关于"一带一路"的研究

关于中蒙俄三国边境旅游发展的研究日趋增多，国外代表性的学者是俄罗斯学者 С.Г.卢贾宁，阿拉腾奥其尔博士，在他的著作《20世纪的俄国·蒙古·中国：

1911—1946年三国间的政治关系》中详细阐述了三国的政治、经济关系。该著作是近年来研究三国关系具有重要参考价值的书籍,意义深远。英国牛津大学的查理德克尔教授是研究"一带一路"地区的权威专家,他的著作《21世纪俄中蒙战略关系研究综述》详细论述了该地区的战略发展方向、体系构建、发展路径等,在学术界有着举足轻重的地位。俄罗斯人民友谊大学的东方学教授尤里·塔夫罗夫斯基,其著作《丝绸之路重返世界地图》《"双丝路"构想延伸中国梦战略》均对该地区进行了重要阐释,具有极高的学术参考价值。另外,还有众多学者的代表作同样具有参考价值,如俄罗斯驻华使馆临时代办贡恰罗夫的《崛起的丝绸之路》《当代俄中蒙关系的重要特征》;俄罗斯经济学家拉伊斯卡娅的《中国、蒙古经济形势与结构改造》。

国内关于"一带一路"的研究成果较多,影响深远的有张晓东的《中蒙俄经济走廊建设拉开帷幕》;蔡振伟、林永新的《中蒙俄经济走廊建设面临的机遇、挑战及应对策略》;于洪洋的《"中蒙俄经济走廊"的基础与障碍》;外交学院教授杨闯发表的《从分歧道契合——"一带一路"下俄罗斯的战略调整与选择》;赵东波、李英武教授的《中俄及中亚各国"新丝绸之路"构建的战略研究》等。这些成果均围绕该地区的政治、经济、文化等方面展开详细论述,意义深远。另外,很多学者均在《东北亚论坛》《理论观察》《西伯利亚研究》《北方经济》等学术刊物发表论文,对该地区展开积极研究,成果日益丰富多元。此外,我国农业、物流、机械制造等领域的专家,对中蒙俄经济走廊建设、共建"一带一路"倡议对这些领域的深远影响及应对举措展开论述,研究成果对未来该地区的产业融合发展起到举足轻重的作用。

学术界对中蒙俄经济走廊的关注度很高,从不同的视角、不同的层面对三国的政治、经贸、文化、民俗等展开全方位、多层次的研究,成果颇多。由于"中蒙俄经济走廊建设"任重道远,国内学者的研究成果仍需提升,还需要从全局性的视角进行战略研究。且多从内蒙古视角探究与蒙古国、俄罗斯的战略合作关系,这样能够更好地推进中蒙俄经济走廊的建设进程。

三、中蒙俄旅游合作的研究

从2015年开始,我国学者对中蒙俄跨境旅游合作的研究日趋增多。徐淑梅(2012)认为我国边境口岸城市旅游资源特别丰富,应该以此为基础开发珲春、丹东等边境口岸城市的旅游业,带动我国跨境旅游的深度发展。白丹(2013)认为中蒙俄三国在资源特色、产品类型、基础设施、影响策略等方面各有特点和优势,只有针对具有核心竞争力的资源进行不断开发，才能形成国际竞争力。刘丽梅（2016）在《中蒙俄旅游合作及其发展策略研究》中论述了中蒙俄三国旅游合作带来的挑战与机遇，为三国旅游业的深入发展奠定了良好的理论基础。柳涛（2017）在他的文章《促进合作推动中蒙俄旅游快速发展》中认为中蒙俄旅游合作应从国家层面予以高度重视并赋予资金和政策支持，才能获得更大的发展空间。启戈（2018）认为跨境旅游的顺利开展，需要建立合作区域管理委员会对跨境旅游中出现的各种问题予以解决，化解危机与矛盾，增进国家之间的友好往来。李加洞（2018）着重对中蒙俄跨境旅游的"五个主要旅游联盟体"进行了分析，尤其是对市场、文化、旅游产品、虚拟空间等方面进行深入探讨，对中蒙俄跨境旅游的发展指出明确的方向。宋志勇（2020）认为中蒙俄作为经济走廊重要的国家，其协同合作有助于东北亚经济繁荣发展，构建安全的周边环境。张弛（2020）认为东北亚的经济活动频繁居世界前列，其潜力巨大，应秉承"新复合地区主义"的发展理念，实现开放性与规范性发展。崔英奎（2019）认为东北亚经济走廊的发展最重要的纽带和桥梁就是靠发展经济连接各国，打造经济合作共同体。

四、关于"万里茶道"的研究

当前，"万里茶道"已成为学术界研究的热点，受到持续的关注。对茶叶之路全景式研究的专著，迄今为止最有影响力的著作有两部：一部是邓九刚的《茶叶之路：欧亚商道兴衰三百年》，另一部是艾梅霞的《茶叶之路》。邓九刚的著作以全景式描绘了中俄之间以茶叶为媒进行的国际贸易活动，全方位、立体化描绘了这条商道的演变过程。艾梅霞再现了这条商道的辉煌传奇。她采用与中国中心论和欧洲中心论相区别的独特视角来描绘商道，让更多的读者深切体会草原民族的特点与全貌，展现他们的政治、经济、文化、生活等场景，为研究欧亚大陆腹地奠定了良好的现实基础，意义深远。此外，刘英姿、张光清等学者同样较为系统地介绍了"万里茶道"的发展沿革，图文并茂，便于读者全方位了解茶道的兴衰荣辱。

总体而言，当前学界对"万里茶道"的研究，主要围绕以下几个方面：

一是阐述晋商与"万里茶道"之间的关系。《晋商万里茶路探寻》这部著作详细介绍了福建、两湖地区的晋商经过水路运输采购茶叶，最后到达恰克图与俄罗斯商人进行贸易往来的过程。常士宣、常崇娟在著作《万里茶路话常家》中，以史为鉴，通过实地考察的方式，以翔实的资料和数据呈现了当年茶叶商道的繁荣鼎盛，让人叹为观止。

二是探究"万里茶道"的缘起。宋亚平在其著作中阐述了"万里茶道"的起源、发展、兴盛及衰落的历程，全方位描绘了茶叶之路的宏伟历史，并对湖北等地融入"万里茶道"的商贸往来展开详述，提出"万里茶道"要走不断复兴、创新、传承的发展之路。严明清在其著作《洞茶与中俄茶叶之路》中详述了"万里茶道"的历史沿革，绘声绘色地描绘了中俄茶叶贸易往来的兴盛景象，并对茶叶之路当前的现状及存在的问题进行了深度剖析，提出极具参考价值的见解，具有重要的借鉴意义。

三是剖析"万里茶道"的商业贸易。郭蕴深的《中俄茶叶贸易史》是国内研究"万里茶道"具有代表性的著作，该书以翔实的现实调研为基础，系统地论述了中俄茶叶贸易往来的缘起、发展、衰老的全过程，为读者客观、全面了解"万里茶道"提供了重要参考。

俄罗斯学者斯拉德科夫斯基编著的《俄国各民族与中国贸易经济关系史（1917年以前）》运用翔实的历史资料阐述了1917年以前中俄经贸关系的发展，全面客观地呈现了中俄贸易的全貌，具有较高的参考价值。与此同时，国内很多学术论文对"万里茶道"也做了较多研究，刘杰（2017）对"万里茶道"湖北段的文化遗产进行了分类，并对其特点进行了归纳总结，重点指出文化遗产保护与申遗的意义与策略。李博等（2016）阐述了"万里茶道"湖南段的文化线路遗产的空间结构，并对如何开发利用这些文化遗产提出了自己的见解。陈容凤（2017）对"万里茶道"福建段的文化遗产和茶商贸易进行了详细阐述。

综上所述，学界关于"万里茶道"的研究成果日益丰富，尤其较多的成果是对中蒙俄经济走廊的研究，但是对中蒙俄"万里茶道"三国旅游深度合作路径的研究还较少。因此，我们遵循复兴"万里茶道"的战略，以"万里茶道"为载体，将各国丰富的旅游文化资源进行深度整合，为"万里茶道"沿线各城市提供资源共享、贸易合作、文化互鉴、经济协同的全新平台，不仅对各国经济利益有所裨益，更造福于各国人民。

第四节　研究内容、方法和技术路线

一、研究内容

第一章是绪论部分。论述了本书研究的背景、研究目的与研究意义、国内外研究成果与基本内容等。

第二章是跨境区域合作的概念及理论基础部分。论述了区域旅游合作的基本概念与跨境旅游合作的定义与研究理论依据。

第三章是"万里茶道"概述。从"万里茶道"的概况、历史沿革等进行论述,介绍"万里茶道"的特征与价值、中蒙俄"万里茶道"旅游合作的必要性与可行性。

第四章是中蒙俄"万里茶道"文化旅游合作的资源基础。分别阐述中蒙俄三国的自然旅游资源和人文旅游资源。

第五章是中蒙俄"万里茶道"旅游深度合作的现状。分别介绍了中蒙俄三国各自的旅游业发展概况,以及中蒙、中俄、中蒙俄旅游合作概况。

第六章是"万里茶道"中蒙俄旅游合作的影响因素分析。从初级生产要素、高级生产要素、国内旅游需求、旅游相关及辅助产业、旅游企业战略和竞争机制、政府的辅助作用和机遇等方面进行论述。

第七章是中蒙俄旅游合作中存在的主要问题。

第八章是推动中蒙俄"万里茶道"旅游合作发展的思考和建议。

二、研究方法

(一)文献研究法

通过对国内外关于中蒙俄经济走廊和跨境旅游合作机制等相关文献的收集、整理、归纳,仔细分析沿线城市旅游业的发展现状、存在的问题等,以此确定本书的研究主题、研究思路、研究框架等。学术界相关的前期研究成果,对本书的写作提供了极高的参考价值。

(二)对比研究法

对比研究法是学术研究中比较常用的方法之一,能够揭示事物的本质。该方法依据一定的标准或以往成功的经验、失败的教训等把有某种联系的事物加以对照,以此来确定其相同与不同之处,据此结果对事物进行分类,对比之后得出事物彼此之间的联系,看清事物的本质。本书对中蒙俄三国的旅游业发展情况做了深入对比,从旅游资源、优势劣势、基础设施、旅游产品等方面,分别对中蒙、中俄旅游合作进行比较分析,得出中蒙俄旅游深度合作机制,以此探究跨境旅游合作机制。

第二章

相关概念及理论

第一节　相关概念

一、区域

关于"区域"的概念学界仍未有统一的概念，任何领域都会涉及"区域"这个概念，"区域"成为一个常用语。但是，在不同领域，其内涵是有着本质区别的。例如，地理学中的"区域"并未规定边界和具体的范畴，主要是指地球表面的一部分，是地理位置的空间概念，有明显的分界线。在社会学中，区域是人类在很多方面形成具有共同的社会特征，有共同的联系，在民族、语言、宗教、文化、肤色、习俗等方面具有共同性，内在联系比较紧密的人或事物统称为区域。在政治学中的"区域"是按照行政区划覆盖的面积来划分且具有明显的边界，如不同的国家是区域，每个城市中的行政区也是区域，每个小镇、村落、集市等都是区域。在经济学中，区域是指经济活动所涉及的空间范围，其大小取决于经济活动的目的、内容等。由此可见，区域是一个宽泛的概念，在不同的场景有不同的内涵，而旅游活动是综合性的活动，与政治、经济、地理、文化等都有密切联系，不可分割。旅游区域和上述概念又有本质区别，具有独特、综合的特性与内涵，本书认为旅游区域是指在地理空间或行政空间具有共性或紧密联系，且在旅游资源、地理位置、经济发展、文化背景等方面具有共通性的空间。

二、区域旅游与区域旅游合作的概念

区域旅游是旅游者在一定空间范围内开展的旅游经济活动，具有社会属性和文化内涵，对该空间范围的人或事产生影响。当前学术界对区域旅游的概念未进行统一的界定，不同学者给出的定义不同（见表2-1）。

表2-1　不同学者对区域旅游的定义

学者	区域旅游的定义
陈传康、郑荣富	不同地区的主体、客体与旅游要素在某区域内交织而成的旅游地域系统
郑耀星	某行政单元内的旅游活动且由该行政区域的主管部门实施管理的区域

学者	区域旅游的定义
薛荧	根据旅游经济活动的内在联系构成不同的旅游层次，在市场经济的推动作用下，通过分工、协作、交换等方式形成密切联系的旅游要素集中群
魏小安	旅游业是市场经济发展到一定阶段的产物，其发展模式有两种：一是地域相邻而产生频繁往来的区域旅游活动；二是资源、产品等沿线串联而成的区域旅游
薛碧	不同的经济主体在特定的不同区域范围产生一定的关联性而聚集在一起，开展互惠互利、沟通协作的经济活动，其产生的效益能够满足不同经济利益主体的需求，具有互动性、合作性、互利性，对其他产业产生重要的影响
秦学	不同区域之间的经济主体按照一定的目标、原则和制度将旅游要素进行重新配置、优化与整合，形成品牌知名度更高、规模更大、结构更佳的旅游产品

根据不同学者给出的不同的定义，本书对区域旅游的概念做出如下界定：

以空间角度进行界定，区域旅游是指相邻或互补的区域因旅游资源、交通条件、地理位置、历史文化等方面具有较高的相似性或差异性，从而对旅游者形成较强的吸引力。且依托于城市，经全面开发旅游资源而形成独具特色的旅游吸引物，满足游客的旅游体验。区域旅游是旅游业发展的高级形态，是大众参与较多的形式。

由此可以看出，区域旅游对一个国家和地区的经济、政治、文化等均有重要影响，具有综合性、合作性等特点，其内涵如下：①区域旅游的本质就是一项经济活动，其发展过程所涉及的食住行游购娱等要素无不关乎经济因素。②区域旅游能够顺利进行的前提是相邻区域既有联系又有所区别，即在经济、政治、文化等方面互相联系、协同发展，但是在资源禀赋、民俗文化、饮食特点等方面又存在显著的差异性，这种既相似又有差异的特点，对游客的吸引力更强。③合作的区域之间通过一定的规章制度、管理章程、协议等来约束旅游活动行为，通过不断规范、调整，使得旅游活动健康有序地开展。④区域旅游的开展，既能不断加强地区经济的联动效应，又可以实现不同地域间的资源优化配置，联合开发旅游产品，促进其多样化发展，互惠互利地实现旅游业的转型升级。⑤区域旅游合作的目的，不仅要提升本国或本地区的知名度，塑造旅游形象，更重要的是促进区域之间资源、产品、人力资源等的互通、互利、协同、可持续发展，推动区域联动，实现经济效益、社会效应和环境效益的统一发展，实现旅游业高质量持续发展。

三、跨境旅游合作相关概念

跨境旅游是新近出现的概念，此前在学术界并未有明确的概念界定，相关的研究成果较少，关注度也不够高。随着跨境旅游持续升温，学界的研究成果日益丰富。李飞（2017）认为跨境旅游是指相邻国家在诸多领域进行的密切合作与深度交流，比如中国与蒙古、俄罗斯等，在旅游、金融、贸易等方面展开的产业合作。通过多渠道、以点带面的交流合作，促进国家之间的经济、文化等方面的进一步发展。戴军（2016）认为跨境旅游合作区是基于相邻国家的地理位置形成的共同管理、共同规划的旅游产业聚集区，其目的是推动边境安全、民族文化交流、区域经济发展、国际关系稳定等迈向新的台阶。袁咖玲（2013）认为跨境旅游合作区具有特定的民俗文化与旅游资源，游客在旅游过程中能够感受到两个国家独特的自然景观与民俗风情。该区域由两国政府的旅游主管部门共同管辖以为游客提供各种便利，保障跨境旅游活动高效、顺利地进行。

本书认为跨境旅游是国家或地区之间有共同边境线，得天独厚的地缘优势基础上进行旅游合作，将国家或地区之间的资源、产品等求同存异，打造资源的独特性与差异性，实现资源共享、行业共管、设施共建、人才公用，协同发展。

跨境旅游合作的特点为：①合作对象明确，合作空间范围较大。跨境旅游实施的主体是地域相邻的国家和地区，合作范围基本是边境区域，依据当地游客或者居民的需求而设计灵活多样的旅游方式。②政策执行力较强。跨境旅游合作区是由国家、旅游行政部门共同开发、管理的区域，旅游政策与法规也是共同制定、共同监管、共同实施，确保合作区域旅游业的顺利进行。在合作区开展的一系列活动，均要围绕满足游客需求、促进各国利益共赢展开。③合作成效显著。跨境旅游追求的是合作共赢，完全有别于以往的单打独斗、零散合作的方式，以高效、快捷著称，合作方想尽一切办法推动游客快速流动实现旅游活动的高效进展，促进跨境旅游繁荣发展，比如免签入境、免税、车辆自由通行等举措，极大地便利了游客，促进了旅游流动快速形成。④旅游产业要素集聚度不断提升。跨境旅游合作区是各国共同管理的区域，实施的旅游政策与法规相对便利，吸引了大量的旅游企业和旅游者涌入，国际旅游发展势头良好，成为各国投资商纷纷进驻的热门地区，经济价值与社会价值实现最大化，跨境旅游战略目标得以实现。

第二节　相关理论

一、价值链理论

价值链是企业在经营发展中所涉猎的各要素、各部门相互交织的一切活动的总和。当前企业之间的竞争日趋白热化，不仅是局部技术、基础设施、人力资源的竞争，更是全方位核心竞争力的竞争，包括产品在生产、销售、宣传、品牌建设等方面全过程的竞争。旅游产业的发展涉及的环节更多，如旅游规划、旅游宣传、旅游服务、基础设施、产品包装、售后服务等。游客在旅游活动中既想买到心仪的旅游产品，又要享受优质贴心的旅游服务，最终留下难以忘怀的旅游体验。因此，跨境旅游在发展过程中需要各国齐心协力、协同共赢，共同开发能够吸引国际旅游者的产品、项目、活动等，以满足游客的需求，并且共同完善基础设施，共同研发旅游产品，共同制定旅游政策，为游客提供一切便利，最大限度地发挥本国在产业链中的价值和优势，为价值共同体做出最大贡献。由于相邻国家拥有共同的边境线，铁路、航空等交通基础设施的建设尤为重要，需要各国共同努力加以实现。此外，旅游规划、产品设计、旅游项目宣传、旅游市场推广、旅游售后保障等均需各方联动完成，才能互利共赢实现跨境旅游的战略目标。

二、区域经济一体化理论

随着全球一体化进程的发展，区域经济一体化日益成为国际关系中最受人关注的焦点。其概念是指两个或两个以上成员国之间建立的超国家的组织机构，通过采取互惠互利的外交政策来实现各国之间的资源优化配置，经济协同发展，以消除各国之间经济贸易发展的障碍，最终实现各国经济高度协调统一，形成强大的竞争力。在一体化进程中，依然要保持不同区域的文化特色及资源差异性，才能提升旅游目的地的吸引力。区域经济一体化理论在旅游产业的研究中意义重大，能够推动各国各区域利用资源、地域等优势形成互补、差异化发展，最终实现旅游贸易自由化。区域经济合作理论中最重要的是增长极理论和区位理论，增长极理论强调经济要素的聚集和膨胀，区位理论强调地理位置和运输成本对经济的影响。法国经济学家弗朗索瓦·佩鲁认为，经济因素的聚集和扩张有利于经济的发展。他提出的"增长极"理论中的"极化效应"概念，阐释了经济活动在空间上的集聚如何形成特定的"经济空间"。冯·杜能是德国著名的经济学家，他提出了"农业区位理论"，该理论认为交通费用的差异形成了大小不一的同心圆，随即"工厂区位"理论也被提了出来，即从距离最近物流费用最小为核心，如果两个要素所在地相差无几的情况下，则优先选址在三角形中。

三、地缘政治理论

地缘政治学是地理学的一部分，主要根据地理要素和政治格局来对世界或地区范围的战略形式所做的分析、预测和判断，其核心要义就是地理因素是影响国家政治行为的重要因素之一。在多国跨境旅游合作中地缘政治带来的影响不容小觑，对国际外交、战略合作、国家安全等均产生至关重要的影响。跨境旅游发展中的政治经济合作不仅能够加快国家经济建设的发展步伐，更是为了共同的发展目标，构建的国与国、区域之间的联系，均能促进政治、经济、文化、安全等方面的合作，有利于推进全球经济一体化的进程。地缘政治学是西方政治地理学创立较早的核心理论，在世界影响深远，其发展史经久不衰，一直被各国遵循和学习，成为制定外交政策和国防政策的重要参考和依据。

四、比较优势理论

比较优势理论是经济学中的一个非常重要的概念，于1776年由亚当·斯密提出，他是国际贸易理论的奠基人，他的观点得到了大卫·李嘉图的认可。大卫·李嘉图在《政治经济学及赋税原理》一书中提出比较成本贸易理论，该理论认为生产技术的差别（非绝对差别）是发展国际贸易的基础，由此衍生出相对成本的差别，每个国家的资源、技术、环境等均有差异，应秉持"两利相权取其重，两弊相权取其轻"的原则，出口"比较优势"的产品，进口"比较劣势"的产品，互惠互利、取长补短、共同发展。比较优势贸易理论在某种程度解释了贸易发展的基础和前提，推动世界经济快速发展。

在当前世界经济的发展中，旅游服务贸易一直是各国增强国家竞争力的重要方面，特别是随着旅游业的发展，旅游者的消费需求发生很大变化，追求个性、差异化成为主流，旅游供给的标准化与需求的差异化之间的矛盾日益凸显，使得各地通过各种手段争夺客源，市场秩序有待进一步规范。由此可见，我们需要更加合理地开发旅游资源，多样化地开发旅游产品，来满足游客差异化的消费需求。该理论的核心内容旨在表明各国要不断利用自身优势条件开发资源和产品，在国际市场上将独具特色的旅游产品进行交换，不断满足各国之间旅游贸易的需求，树立特色鲜明的旅游形象，打造旅游品牌效应，推动旅游目的地可持续发展。

该理论在旅游目的地的建设中经常被用来指导资源开发、品牌塑造、产品开发等，理论核心是杜绝空间竞争的"负的邻近效应"。因为旅游活动的生产成本千差万别，旅游资源开发和旅游产品设计方面，区域之间的比较优势与劣势非常显著，能否集中人力、物力、财力等资源协同开发旅游产品、设计旅游线路、规划旅游项目等，实现资源、特色、空间方面的互补是关键。其要义就是要增强旅游空间竞争上的"正的邻近效应"，实现互动发展的双赢局面，实现旅游联动效应，最大化地利用资源实现经济效益的提升。

五、边界效应理论

"边界"一词在地理研究范畴中是指两个国家或多国在地理空间上的毗邻，在旅游开发过程中，相邻国家之间的合作开发尤其重要。即使在次区域合作中也不能脱离地理上的边界线。边界是指独立的两个国家直接明显的分割线，如领土、政治等，着重指相邻国家经济领域的分界线。边界的开放程度对国家直接的政治、经济、贸易、资本的合作与交流有重要的影响，关系到国际关系和民间往来程度。国家之间关系友好时，边界可以实现跨界合作、取长补短、互惠互利；国家之间关系紧张时，边界就是隔离线，各国牢牢守护避免纠纷，合作程度大打折扣。因此，边界对相邻国家的经济、政治、贸易的发展至关重要，影响深远，即边界效应，分为"中介效应"和"屏蔽效应"。中介效应是指利用边界的独特地理位置优势为相邻国家各方面的贸易往来提供合作便利，实现双赢或共赢。屏蔽效应则恰恰相反，其内涵是指相邻国家限制互相之间的经济、文化交流，阻挡空间融通的效应。在一定的历史条件下，各国为了本国利益不受损害，通常会实行"锁边护边"政策，两种效应可以转化，并且远离政治、经济、文化中心。随着国际形势日趋复杂，世界各国达成了和平与发展为主题的共识，以推动国家快速稳定的实现经济发展。边界地区的老百姓更渴望安居乐业、和平稳定的生活环境，各国更需要通过边界口岸地区的贸易往来，促成经济繁荣、政治稳定、民间和睦的盛世。由此可见，边界对于国家之间的重要性不言而喻，意义重大。

第三章

"万里茶道"概述

第一节 "万里茶道"简介

一、"万里茶道"概况

"万里茶道"是中蒙俄三国之间重要的国际运输商道,从17世纪末到20世纪初由清代的晋商、沿线居民共同参与运转,它跨越了欧亚大陆,途经200多座城市,干线总长1.3万~1.4万千米,连接了中国的8个省区、蒙古国的6个省市、俄罗斯的18个州市等,总共涉及中蒙俄三国32个一级行政区,是世界闻名的"世纪大动脉"。"万里茶道"具有极其重要的经济价值、文化价值、旅游价值、战略价值,沿线地理环境多样,文化多元,自然文化遗产丰富。它不仅是连接各国经贸发展的重要通道,更是一条充满不同民俗的文化之路,旅游资源丰富多样且具有极大的发展潜力。内蒙古是"万里茶道"线路上的重要节点,其位置特殊,具有桥头堡的作用,有着高度的战略意义和文化价值。"万里茶道"中蒙俄文化旅游开发研究,其研究成果对中蒙俄旅游开发具有借鉴作用,能够深入推进"一带一路"贸易之路的稳健前行,拓展中蒙俄经济走廊纵深,推进文化旅游产业高质量发展,对建设文化走廊有着较高的理论意义和现实意义。

我国是产茶大国,以茶文化和历史悠久而闻名,不仅茶叶产量高,而且历史源远流长。据史料记载,明朝中期我国向国外销售茶叶迎来了新的高峰,茶叶成为我国与海外连接的重要产品。茶叶运往国外的通道主要有四条:一是西线,从我国一路向西经过陕西、宁夏、新疆等地,到达中亚和西亚等国家,最后到达欧洲;二是北线,从蒙古高原一路向北到达俄罗斯等地;三是东北线,从我国东北地区出发,经过朝鲜半岛,一路向北;四是南线,从我国的云南、广西等地出发,一路经过南亚、东南亚等国。其中最重要的线路就是第二条,也是闻名遐迩的"万里茶道"。学界普遍的共识是"万里茶道"从我国武夷山下的梅村始发,经过江西、湖南、湖北,跨过长江直达河南、陕西、河北等地,越过长城、蒙古草原和戈壁,最终到达蒙古和俄罗斯的恰克图。接着又向西跨越西伯利亚,穿越整个俄罗斯抵达圣彼得堡。由此可见,"万里茶道"长度惊人,绵延不绝,在世界上享有盛誉。

"万里茶道"作为连接欧亚大陆的世纪通道，其发展的动力是什么？答案很明显，那就是强大的市场需求推动了茶叶之路的繁荣发展。众所周知，游牧民族的生活区域多属于严寒之地，以牛羊肉和奶茶为主，茶叶是日常生活中熬煮奶茶的必需品，奶茶可以帮助游牧民族减轻食物的油腻，促进消化，保持健康的体魄。特别是我国产的砖茶，更是游牧民族的生活必需品，消食功效显著，深受西伯利亚地区俄罗斯人的喜爱，饮茶成为他们日常生活的习俗，坊间流传着"宁可一日无食，不可一日无茶"的说法。"万里茶道"的举世闻名正是基于强大的消费需求和消费群体而实现的。

"万里茶道"生产的茶叶大多来自我国的南方，但事实上开拓茶叶之路的却是晋商，这是一支经商贸易非常强的商队，在历史上有着举足轻重的地位。在武夷山下矗立着一石碑，上面刻着"晋商万里茶路起点"的字样，予以佐证。那么，为什么晋商能够如此成功呢？据史料记载，山西天寒地冻，土壤贫瘠，农作物的产出非常低，种类偏少，大多是麦子谷物之类，当地老百姓生活苦不堪言，入不敷出，非常拮据。艰苦的生活环境，使得当地老百姓不得不重新思考如何活下去，必须转变思路，不能一味地靠种地为生。于是，山西地区的商人们开始转变思路，寻求突破，走南闯北，踏上经商之路。据《汾阳县志》所记载晋商"贩运绸缎于杭州，贩茶糖于汉口"，之后将其"售于新疆、内外蒙及俄罗斯等地。"晋商顽强拼搏、吃苦耐劳的奋斗精神，激励着一代代人奋斗前行，开辟出以贩卖茶叶为主的"万里茶道"，举世闻名，也为当地老百姓开辟了幸福之路，生活水平明显提高，安居乐业的情景日渐显现。

"万里茶道"繁荣发展了200多年，各国经贸往来频繁，老百姓安居乐业，鼎盛过后就是繁华的落寞。其原因在于：一是清朝末年时期，俄国被英国打败，中国汉口地区的茶叶贸易掌控权落在俄国手里，他们在茶产区直接建立工厂，不需要过多的人工，自己就完成了茶叶的收购、加工、售卖等流程。二是海运规模随着商贸频繁而日益壮大，俄国的商人运输茶叶及其他商品摒弃了传统的陆运，大多通过海运，从上海和天津出发，向北到达海参崴，这种运输方式的改变，使得"万里茶道"的兴盛不复存在，日渐萧条。三是俄国十月革命后，为了保护本国利益采取的关税壁垒政策，严格限制了中国茶叶的出口之路，茶叶效益急转直下，海外效益锐减，慢慢直至衰落。"万里茶道"将中国茶文化与中国文化传播至世界各地，又慢慢退出了历史舞台，完成了在国际舞台的重要使命。

二、"万里茶道"历史沿革

茶叶早在公元前2世纪就开始在中国种植了，中国是茶叶的原产地，但是一直处于野生自然利用，自给自足式生产，后来慢慢才开始对茶叶的其他功能有了进一步开发，如药用、汤料、饮品等。据史料记载，从汉代开始茶叶就作为商品进行贸易，到了唐代更发展成为举国之饮，销量空前，售卖到边疆地区。唐宋元年间，茶叶实行的是官方专卖制度，并不是中国出口贸易的主要商品，直到明清年间才日益成为民间自由贸易的商品，茶叶贸易逐渐兴盛。中国茶叶对外传播的路径，基本是从唐宋时的茶马互市、政治和亲、外交馈赠、宗教交流的地区间传播，到明清时茶叶成为对外贸易的主要商品。其传播的路线基本是四条，东线：从唐宋时期向日本、朝鲜半岛传播。西线：向西北经过新疆抵达中亚，西南方向经西藏抵达南亚。南线：从元代开始向南沿着海路传播至中南半岛，到了明清时期向非洲、欧洲、美洲传播。北线：从明清向北传播到北亚、西伯利亚和东欧等地（见图3-1）。

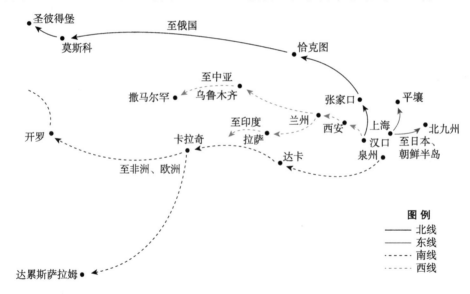

图3-1 世界范围内茶叶贸易线路示意

但是，在向北进行贸易的通道中茶叶是真正的主角，这条线路所跨越的地理区域环境较为严苛，没有历史通道可采用，只能特地为了运输茶叶而开通。该路线随着茶叶贸易的繁荣而发达，也随着茶叶贸易的冷清而衰败，可谓是真正的茶叶之路。本书所指的"万里茶道"是跨越17世纪末到20世纪初，中俄两国的商人共同开创、纵贯中蒙俄三国绵延数万千米的茶叶之路，它曾经是明清时期中国对外贸易的重要通道，不仅为中俄两国带来了巨大的经济效益，而且改变了中国社会发展的进程,在经济、政治、文化等方面也发生了翻天覆地的变化,对亚洲和欧洲都产生了深远的影响。

(一)"万里茶道"的缘起

茶叶是游牧民族日常生活的必需品,而作为政治礼品是在明代晚期,俄国使臣将中国所产茶叶进贡给罗曼诺夫沙皇,备受沙皇喜爱,至此开启了中国茶叶出口的新篇章。从俄国普及世界的饮茶之风盛行,产自中国南部山区的茶叶成为世界人民喜爱的商品,因此坊间流传着一句话"宁可三日无肉,不可一日无茶",可见中国茶叶的受欢迎程度。1689年中俄签订《尼布楚条约》,条约规定"一切行旅有准往来文票者,许贸易无禁",推动了中俄边境贸易的深入发展,俄国商人、政府等均经蒙古抵达中国边境开展贸易活动,这一现象被称为"京师互市"。俄国主要以毛皮作为出口商品,占其出口商品的80%以上,中国以土布、丝绸、八角等作为主要出口商品,贸易活动日益繁荣。

(二)"万里茶道"的形成

18世纪30年代至20世纪初,晋商俄商之间的贸易活动最为频繁,中俄之间签订的《恰克图条约》《恰克图市约》等带动了双边贸易的发展,"万里茶道"的贸易日渐繁盛。到19世纪上半叶,茶叶已成为中俄贸易的主要商品,由晋商居于主导地位,从茶叶的收集到包装销售均由晋商完成,通过水路、陆路等把茶叶运到恰克图完成交易。茶叶贸易带动了沿线各城市经济的发展,也维持了边境人民安居乐业的太平盛世。晋商主导的"万里茶道"的路线主要是,南端起始于中国南方的山地茶产区,经山间古道或河流转运到各集市,沿江河航道进入长江后抵达汉口,从汉口集散地沿着汉江航道抵达樊城,转支流唐白河抵达河南赊店镇后转为陆运,继续北上经洛阳,过黄河,入太行山越晋城,过长治,出祁县经太原、大同至张家口或归化,再换骆驼经二连浩特,前往库伦、恰克图完成贸易。

19世纪下半叶至20世纪初,俄商利用一系列贸易特权逐步深入中国内地设厂制茶,并极大地改变了茶叶的输俄路线,逐渐成为此阶段中俄茶叶贸易的主导,俄国也成为中国茶叶最大的出口国。俄商的原料供应地主要是羊楼洞茶区及安化茶产区。在晋商的传统商贸线路之外,俄商的商贸路线以轮船、港口和铁路优势,运输费用和时间大大缩减,其主要路线:从汉口顺流而下经上海运至天津,再运往通州,又以骆驼队经张家口运往恰克图;1871年又开辟黑龙江航道,南出黑龙江入海口进入日本海,然后走海路到达天津和上海;1903年俄国西伯利亚铁路建成通车,中俄商品运输经符拉迪沃斯托克转口,原来的张家口—恰克图线路彻底衰落。

三、作为文化线路的"万里茶道"

(一)"万里茶道"文化线路的提出

"万里茶道"这条商贸古道的历史地位直到沉寂200年之后才逐渐被学界发现并开始研究。国际领域中美国学者 Martha Avery 于2006年出版的 *The Tea Road: China and Russia Meet across the Steppe* 影响深远。我国学者邓九刚先生在2000年出版的《茶叶之路:欧亚商道兴衰三百年》,奠定了该领域学术研究的基础,引起了社会对此领域研究的热潮。2013年习近平主席访问俄罗斯时发表了重要演讲,继17世纪的的"万里茶道"之后,中俄油气管道成为联通两国新的"世纪动脉"。当前,我们两国正积极推动各自国家和地区发展战略相互对接,不断创造出更多利益契合点和合作增长点。

习近平主席的演讲使得"万里茶道"沿线的国家、地区均将目光转移到了"万里茶道"的历史与现实研究。此后,中蒙俄正式联合开启对"万里茶道"的相关研究,包括申遗、保护与开发等。茶道沿线城市多次联合召开专题会议并通过多项文件:《万里茶路文化遗产保护赤壁倡议》《"万里茶路"文化遗产保护利用赊店共识》《"万里茶道"共同申遗倡议书》等;中国境内茶道沿线8省的文物管理系统也开始对这条文化线路的普查、研究和分析工作。

2014年京杭大运河及丝绸之路申遗成功,该文化线路被列入世界文化遗产名录中,推动了国内文化线路研究的进展。在这样的背景下,"万里茶道"的申遗工作,对促进中蒙俄三国政治、经济、文化的交流起到极大的作用。

(二)"万里茶道"作为文化线路的判定

文化线路的五大构成要素包括背景、内容、跨文化交流、动态特征以及背景环境。其中,背景是指文化线路诞生过程中不可或缺的自然与人文环境,它对文化线路发展过程的影响是持续的,并直接影响文化线路的内涵;内容则包括能够支撑文化线路价值评估的有形与无形要素;跨文化交流是指文化线路本身的内涵比较丰富,比单个遗产点集合的价值要多,只有将其视为整体才能提取文化线路中跨文化的含义;动态特征是指在文化线路的发展历史长河中,起到引导与桥梁作用的动态要素，这些要素是除了物质遗产和实际交通道路以外，推动文化线路的沟通、交流持续发展；背景环境是指存在于文化线路周边的地理环境，对其发展奠定了基础，以上五个要素奠定了"万里茶道"的文化特征。"万里茶道"的重要地位不仅仅体现在经济价值——将25万吨茶叶运输到俄国而产生巨大的经济价值，作为历史重要的文化线路，其意义是通过茶叶运输增进了多国贸易的发展，促进欧亚大陆不同文化群体的沟通与交流，遗留了丰富多彩且弥足珍贵的文化遗产（见图3-2）。

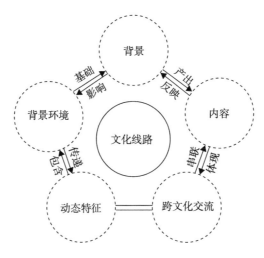

图 3-2 文化线路五大构成要素

第一，就背景而言，"万里茶道"的兴衰荣辱与其作为商贸古道的历史背景有着直接的关系。它的兴衰和我国最后的封建王朝清朝的衰亡时间相差无几，清政府在衰败过程中的所有政策、措施，以及农业发展、科技发展、农民运动、军事改革、对外贸易等方面，均对"万里茶道"的变迁有着深远的影响。

第二，就内容而言，"万里茶道"的交通路线，呈现的特点是线状与放射状，水路陆路交通体系清晰完整。该文化线路上布满了丰富且饱满的物质与非物质文化遗产，分布于茶路沿线的茶园、码头、工厂、海关、银行、寺院、古道、会馆等，文化遗产共同构成了"万里茶道"生产、运输、贸易完整的历史印记。"万里茶道"沿线的建筑成为历史长河中城市发展变迁的见证和宝贵财富，建筑群的地域性、民族性、多元性，为传统建筑研究提供了良好的借鉴，在建筑学的历史发展中有着不可磨灭的价值（见表3-1）。

表3-1 "万里茶道" 物质文化遗产构成

历史功能类型	遗产物质属性	数量	遗产内容	代表
种植、加工	茶园	3	渠江大安村茶园、武夷古茶园、思口镇龙腾村茶园	
	村落	3	渠江大安村、思口镇龙腾村、太行陉	
	建筑群	1	安化茶厂早期建筑群	
	桥梁	6	缘奇桥、永锡桥、闽赣古驿道分水关段、徽饶古驿道婺源浙岭段、鹤峰古茶道南村段、五峰古茶道汉阳桥段	
	道路	6	鹞子尖古茶道、闽赣古驿道分水关段、徽饶古驿道婺源浙岭段、鹤峰古茶道南村段、五峰古茶道汉阳桥段、太行陉	
	码头	3	大矶头遗址、五峰古茶道汉阳桥段、襄樊码头	
	关隘	2	雁门关、闽赣古驿道分水关段	
	建筑	2	大智门火车站、大境门	
管理、服务	建筑群/遗址	3	九江海关姑塘分关旧址、江汉关大楼、伊林驿站遗址	

续 表

历史功能类型	遗产物质属性	数量	遗产内容	代表
商贸	集镇	10	唐家观古镇、赤壁羊楼洞古镇、下梅村、河口镇明清古街、赊店古镇、半扎古镇、得胜口古堡群、杀虎口、鸡鸣驿城、张家口堡	
	建筑群	6	汉口俄商近代建筑群、襄樊会馆、潞泽会馆、洛阳山陕会馆、祁县晋商老街、多伦山西会馆	
信仰	建筑群	7	汉口俄商近代建筑群（东正教堂）、洛阳关林、太原大关帝庙、宣化古城史迹、呼市清真大寺、汇宗寺、贝子庙	
关联	碑刻	2	武夷天游九曲茶事题刻、五峰古茶道汉阳桥段	

来源：笔者根据《万里茶道（中国段）调研报告》整理自绘。

第三，就跨文化交流而言，"万里茶道"沿线的文化遗产成为茶道历经沧桑、历史变迁的有利佐证，见证了历史上欧亚大陆间贸易往来的繁荣情景，呈现了非凡的不同文化群体间文化交流的盛况。不同文化群体在"万里茶道"沿线通过茶叶贸易进行的流动、定居行为，对人们的生活习俗、精神追求、商业行为、建筑风格等产生了重要的影响。"万里茶道"的形成和发展与很多因素有着密切的关联，如与世界人民的饮茶生活习俗有关联，与古代中国金融组织萌芽代表性产物"票号"有关联。

第四，就动态特征而言，作为"万里茶道"交易中的茶叶，因其产地、生产技术、茶叶品种、制作过程等均不相同，使得茶叶文化均各有特色。茶叶之路也因沿线商贸活动、政策更替、环境动荡等呈现不同的特点，推动其成为人类历史上少有的文化内涵丰富的商贸之路。

第五，就背景环境而言，"万里茶道"因受地理环境影响，其运输主要以水陆结合的方式进行。深山里采摘的茶叶经由山间古道送往各城镇进行加工制作，包装后再经水陆运输到各节点城市，继而北上经蒙古草原、西伯利亚、乌拉尔山脉等，到达莫斯科和圣彼得堡。在运输过程中针对奇特的地理环境均有应急处理机制,超强的适应能力和法则也造就了"万里茶道"沿线独特的文化自然景观,具有不可复制性。

(三)"万里茶道"与其他文化线路的对比

截至 2018 年,《世界遗产名录》共收录世界遗产 1073 项,其中世界文化遗产有 832 项,文化线路类型遗产项目有 13 项(见表 3-2)。

表 3-2 "万里茶道"与《世界遗产名录》中的文化线路对比

所属国	遗产名称	年代	长度	沟通国家和地区	功能	图片
中国	"万里茶道"	17 世纪末至 20 世纪前期	约1.4万千米	东亚、北亚、西伯利亚、东欧	贸易(茶叶、皮毛为大宗),文化交流、生活习俗交流	
阿曼	乳香之路	新石器时代至 13 世纪	220 千米	阿拉伯半岛—地中海、红海沿岸、西亚、南亚、中国	贸易(香料)	
日本	纪伊山脉圣地和朝圣路线	9 世纪至今	308 千米	奈良—京都	宗教(神道教、佛教)	
以色列	熏香之路—内盖夫沙漠城镇	公元前3世纪至公元2世纪	1 800 千米	阿拉伯半岛—红海—地中海—南欧	贸易(香料)	
巴勒斯坦	耶稣诞生地:伯利恒主诞堂和朝圣线路	2 世纪至今	10 千米	巴勒斯坦中部	宗教(基督教)	
中国、哈萨克斯坦、吉尔吉斯斯坦	丝绸之路起始段:西安—天山走廊的路网	公元前2世纪至 16 世纪	8 700 千米	经由中亚、南亚地区连接欧亚大陆	外交、贸易(丝绸为大宗),文化交流	

所属国	遗产名称	年代	长度	沟通国家和地区	功能	图片
中国	京杭大运河	公元前5世纪至今	1 797 千米	中国杭州（古余杭）—北京（古涿郡）	贸易、农业	
西班牙	圣地亚哥·德·孔波斯特拉朝圣之路（西班牙部分）	9世纪至20世纪	802 千米	伊比利亚半岛—欧洲其他地区	宗教（基督教）	
法国	米迪运河	17世纪至19世纪	360 千米	法国南部—地中海—大西洋	贸易	
法国	圣地亚哥·德·孔波斯特拉朝圣之路（法国部分）	9世纪至20世纪	762 千米	伊比利亚半岛—欧洲其他地区	宗教（基督教）	
挪威、瑞典、俄罗斯等欧洲十国	斯塔伏大地测绘体系（斯特鲁维地理探测弧线）	19世纪	2 820 千米	挪威—黑海	天文测量	
墨西哥	皇家内陆大干线	16世纪至19世纪	1 400 千米	西班牙—美洲	商业（白银）	
阿根廷	科布拉达·德·胡迈海卡山谷	1万年前至今	1 500 千米	安第斯山脉西部	综合交通	
阿根廷、玻利维亚、智利等	印加路网	15世纪至16世纪	30 000 千米	南美洲	综合交通	

注：笔者根据联合国教科文组织官网整理绘制。

"万里茶道"是一条跨越多种文明、绵延范围广的商贸之旅,对区域经济影响深远,在文化交流以及和平对话方面均具有重要意义。"万里茶道"与其他文化遗产类线路相比,在以下众多方面有着独特显著的特征。

1.文明与文化背景

中国悠久的历史文化、茶叶种植的方法、饮用、传播等方式均对"万里茶道"的产生和发展产生重要的影响。其传播与交易的状态反映了农耕文明背景下各游牧民族的生活状态,具有典型的跨文明区域的特点。"万里茶道"的文化背景,与丝绸之路、乳香之路、朝圣之路均不同,其跨文明、跨区域交流特点更明显。

2.历史发展阶段

"万里茶道"处于17世纪至20世纪的世界近代史阶段,这一时期对世界格局、社会变革等具有深远的影响。朝圣之路、纪伊山地朝圣线路、乳香之路、印加路网、丝绸之路的历史发展阶段多为世界中古史阶段(5世纪至17世纪)或更早的历史阶段。

3.区域发展影响

"万里茶道"对区域经济的发展影响巨大,极大地推进了传统农耕社会的发展进程,当前"万里茶道"沿线还有很多地区仍以茶叶作为支柱产业,将茶叶文化广泛传播,相较于其他文化线路,其影响力更加深远。

4.线路遗产要素

"万里茶道"沿线遗产丰富,价值巨大,尤其展现了17世纪至20世纪时期商贸往来的景象,包含了茶园、村落、集镇、民居、寺庙、工厂、会馆、茶庄、票号、钱庄、银行、茶栈、骡马店、道路、桥梁、关隘、古塔、碑刻、摩崖石刻等不同类型的遗存,展现了种植、加工、交通、管理、服务、商贸、关联、信仰的完整商贸功能体系和管理运行机制,较之其他文化线路的遗产要素类型更为复杂多样。

5.与同为茶叶传播贸易线路的茶马古道对比

茶叶传播的贸易路线有茶马古道和"万里茶道",这两条文化遗产之路在积极申报世界文化遗产。为推进申遗工作,对这两处文化线路进行对比分析(见表3-3)。

表3-3 "万里茶道"与茶马古道对比

对比项目		"万里茶道"	茶马古道
时空分布	历史时段	清初至民国（17世纪末至20世纪）的200余年	唐代至民国（728—1950）的1 200多年
	地理区域	从南向北经过长江中下游平原、华北平原、黄土高原、内蒙古高原，沿途地貌景观为山地、江河、盆地、草原、戈壁等	东西向连接了青藏高原、川西高原、云贵高原，跨越了横断山脉、喜马拉雅山脉、三江并流区、雅鲁藏布江等地理单元
	交通路线	山地石板路、江河航道、历史释道、草原驼队等多种路线的复杂系统	以唐蕃古道、川藏道（3 800多千米）、滇藏道（3 100千米）等主要线路为主，辅以大量错综复杂的支线，构成庞大交通线路网路
特征	族群/文化	农耕文明区域的汉族与游牧文明区域各民族的交流	汉、藏、白、纳西、羌、苗、壮族等数十个民族之间的交流
	动力/需求	游牧民族、西伯利亚等高冷地区人群因饮食结构对茶叶的强烈需求	物资需求：中央地区对战马匹的需求、西藏地区对茶叶的需求；政治统治与管理：中央政权对西南少数民族聚集区的管理与统治
	物产交流	茶叶、毛皮互市为主	产自四川平原：茶、盐、丝绸布匹、日用器皿产自云贵高原：茶、糖产自青藏高原：马、药材、骡、皮毛
	制度保障	中俄贸易外交条约的签订；清政府的官方交通运输体系与制度的保障；晋商的商贸金融组织的保障	茶马互市的榷茶制度
构成要素	要素类型	茶园、村落、集镇、民居、寺庙、工厂、会馆、茶栈、骡马店、道路、桥梁、关隘、古塔、碑刻、摩崖石刻	栈道、渡口、桥梁、茶马互市地及马匹集散地、古茶园、加工坊、驿站、集镇、摩崖石刻、佛教石窟及建筑、民居

注：笔者自绘。

（a）交通道路 （b）背景环境 （c）文化遗产

图3-3 茶马古道文化线路内容

由表3-3可知，"万里茶道"和茶马古道虽然同为文化贸易线路，但是因受历史背景、功能要素、地理区位、民风民俗等因素的影响，二者仍存在巨大的差异，主要表现在以下几个方面。

（1）构成要素

"万里茶道"和茶马古道文化遗存丰富且种类多样，反映了不同历史时期的文化特征。茶马古道分川藏、滇藏两条路线，是中国历史上著名的茶马贸易的重要路线，位于中国西南地区，也是西南地区经济文化交流的重要走廊。"万里茶道"是欧亚大陆兴起的一条重要的商道，也是继丝绸之路衰落后崛起的重要商贸之路。二者均对国内外不同区域经济文化的交流奠定了良好的贸易基础。

（2）时空分布

"万里茶道"存在于明代至近代时期，也是当时中国茶叶贸易的巅峰时期，沟通的区域范围广，交通路线和地貌景观复杂多样。而茶马古道所处的历史年代更为久远，是茶叶贸易的起源，所跨越的地理区域、地貌景观较为单一，大多是高原、河谷和山地等。

（3）文化特征

"万里茶道"作为一条重要的商贸之路，反映了农耕文明区域汉族与其他各民族交流的盛世景象，推动力强大，制度完善，保障体系全面，设计了交通、运输、贸易等。而茶马古道反映了十多个民族经济、文化交流的现象，交流的主要目的是跨区域物质交换，战略资源整合和多民族文化交融，贸易早期的榷茶制度已经形成。

第二节 "万里茶道"的特征与价值

一、"万里茶道"的特征

截至2022年，世界遗产有1 154个，我国有56个，占比4.9%。联合国教科文组织非物质文化遗产名录中，我国有42个项目上榜，高居全球榜首，包括剪纸、皮影、针灸等。国家级非遗项目有1 557个，非遗传承人有3 068位。"万里茶道"是典型的复合型文化线路遗产，其具备以下特点。

（一）空间广阔，环境复杂

中国地大物博、幅员辽阔，历史悠久，文化多元，少数民族众多，民俗资源绚烂多彩,文化线路遗产特色鲜明,多种多样。目前,收录在《世界文化遗产名录》的有丝绸之路、中国大运河、泰山风景区等。列入《中国世界文化遗产预备名单》的有丝绸之路中国段、蜀道、"万里茶道"等。其中,丝绸之路、"万里茶道"等是影响力巨大的文化遗产。"万里茶道"从地域范围来讲,途经武夷山、武陵山等中国茶叶发祥地,一路沿线经过8个省区,分别是福建、江西、湖南、湖北、河南、山西、河北、内蒙古等,最后到达蒙古、俄罗斯、欧洲等地。全线经过区域人口众多,地域面积广大,途经了亚热带、北温带、北寒带等多个气候带,地理类型多样,跨越了半干旱、干旱等地区。差异极强的地质地貌景观,赋予了"万里茶道"独特的魅力,既有江南水乡,又有沙漠戈壁,既有平原,也有高山,美丽而独特。"万里茶道"绵延漫长,跨越的区域众多,沿途经济文化类型多样,在世界上可谓少之又少。

(二)起点多源中心突出

"万里茶道"起源于中国的茶叶且输出茶文化,与其他文化遗产线路相比,最大的特点是始于起源地,终于消费地,以茶叶贸易和茶文化为主。"万里茶道"跨越的区域广,茶叶种植与销售贸易发达,沿线文化资源类型多样,存续时间长,文化类型奇特多样,原料产地来源广泛,"万里茶道"充满了独特的魅力。茶叶在历史上的产地就是中国,公元16世纪之前,中国就有了出口贸易,到17世纪,中国的砖茶深受其他国家消费者的喜爱而享有盛誉,特别是游牧民族对砖茶的喜爱到了极点,因其生活习俗以肉食为主,较油腻,而砖茶可以解腻,帮助游牧民族增强体质,促进身体健康。如出口至俄罗斯的砖茶产地来自中国的南方,经销者以晋商为主,形成了完整的贸易链条,使得消费者和售卖者经过"万里茶道"各得其所,互惠互利。

武夷山脚下梅古村的村口立有一块石头纪念碑,上面刻着"晋商万里茶路起点"。在《崇安县志》中详细记载了当时晋商在武夷山繁忙采购、运输茶叶的景象,商人络绎不绝,生意兴隆。山西位于中原农业地区和北方游牧民族地区的中间地带,晋商以交换运输南北物资为主,从杭州贩卖绸缎,汉口贩卖茶糖,四川贩卖布匹,并将这些物资运送到新疆、蒙古、俄罗斯等地。在长期的贸易过程中,晋商积累了雄厚的财力,对经商之道了然于心,他们具有吃苦耐劳、艰苦创业的拼搏精神,在长途跋涉的过程中形成了商道,汇通天下。南起闽赣鄂,直至西伯利亚、莫斯科、圣彼得堡等,将中国的茶叶运往国外,堪称国际茶叶之路。

（三）线路多层级放射网状分布

文化线路遗产的分布主要有单一线状、网状、环状、放射状等四种。"万里茶道"的文化线路呈现形态为放射状，因其跨越线路长，遗产类型多样，主要表现为，一是"万里茶道"以茶叶产区为中心，向不同地区和国家售卖茶叶，呈放射状，范围广，影响深远；二是中级市场主要以汉口为中心向其他地区辐射展开，形成放射状的营销模式；三是以主线不同节点方向的城镇为中心向各个方向延伸，形成放射状的销售网络，线路众多，"万里茶道"沿线节点城市多，人口密集，跨越范围广；四是以批发中心或拍卖会为消费市场，将茶叶通过贸易销售到世界各地。"万里茶道"的四种类型运输线路错综复杂，纵横交错，将新鲜的茶叶从茶产区运输至各地销售，满足了各地老百姓的生活需求，也为茶农增收增效，改善居民生活、传播中国文化提供助力，使茶叶逐渐成为老百姓的喜爱之物，令茶文化传至四方。

（四）以茶为媒多维一体

"万里茶道"以"茶"为媒，将沿途的市镇、自然环境、文化遗产、路网等紧密联系在一起，具有典型的贸易功能和文化特征。它的形成与发展，与茶叶的生产、运输、贸易、消费等密不可分。茶叶品种多样，味道各不相同，能够满足不同消费者的多样需求。"万里茶道"始于17世纪，历经两个多世纪的繁荣发展成为国际商道，始于武夷山，经过湖南、湖北、河南、河北、山西、内蒙古一路向北延伸，穿越了沙漠戈壁、草原森林，一直抵达蒙俄边境的口岸恰克图，继续到达欧洲和中亚各国。

（五）融入全球化的文化线路

"万里茶道"存续时间久，跨越了中国封建社会到近代时期，历经风雨，见证了中国的发展历程。"万里茶道"是中国茶叶出口贸易的重要通道之一，为中国茶叶走向世界打开了通道，与世界市场接轨，带动中国茶叶商品经济的发展，将中国的茶叶推向世界，解决了产茶区劳动力的就业问题，带动了一大批新兴城镇的发展，推动了沿线茶农、茶产地经济效益的提升，甚至带动了中国贸易经济的发展。"万里茶道"在历史上的重要地位不言而喻，链接欧亚大陆，促进欧亚文明的交流融合，对非物质文化遗产的保护与传承具有重要意义。

"万里茶道"申遗推动我国文化遗产向着多样化方向发展，目前所有的世界文化遗产中，关于茶文化的遗产仍然空白。"万里茶道"的申遗不仅将中国茶叶文化推向世界，而且对于遗产类别的申报空缺做了有益补充。"万里茶道"申遗满足了全球化背景下多元文明交叉融合的需求，有利于推动构建命运共同体，凸显中国大国外交的风范。同时，有利于茶叶贸易发展和茶文化的传播。对于"万里茶道"文化遗产的整理、开发、保护均能起到很好的推动作用，促进世界文化交流。

（六）活态存在延续至今

"万里茶道"具有活态存在，与其他文化线路遗产有区别。主要表现：一是生产经营方式与手段等的活态存续；二是品牌与生产工艺世代相传；三是非物质文化遗产活态传承。"万里茶道"虽然是历史上的文化遗产，但是它在世界文化和文明的传承方面生生不息，见证了历史变革与鲜活文化的延续。

"万里茶道"是世界级文化遗产线路，包括运输茶叶为主的交通线路，沿线有形和无形的文化遗产，运输茶叶所经过的沿线自然环境和人文环境，沿线具有独特民俗的城镇等。

二、"万里茶道"的价值

"万里茶道"的历史价值表现在不仅推动沿线茶叶的生产、运输、贸易，还带来巨大的经济价值，改善了当地民生，促进了当地文化文明的交流与传承。其具体的价值体现在以下几个方面。

（一）综合利用茶源地资源的生态价值

中国最早最著名的茶叶产区有武夷山的红茶、雪峰山的黑茶、武陵山的宜红茶，这些茶产区峰峦叠嶂、平地少、水土流失容易，茶叶品质很好。野生茶树大多是伴生树种，上层是高大的乔木，下层是灌木。这些茶树生长区域经过人工开发后，形成茶园生态体系，这样的生态环境不仅有利于茶树的生长，还能够提高产量与茶叶的品质，增加土壤肥力，抑制茶树开花结果，促进营养生长。"万里茶道"是历史上综合利用土地资源、维护生态环境的杰出典范，其所具备的生态价值无与伦比。

（二）以茶为媒、从封闭走向全球化的历史价值

"万里茶道"是"一带一路"重要的组成部分，其跨越区域多、经历文化文明形态多样，决定了"万里茶道"具有极高的历史价值，开发与保护均具有无法比拟的重要意义。"万里茶道"申遗，促进沿线国家人文交流，使其具有了新时代的内

涵，同时见证了中国社会的重要历史转型时期。

"万里茶道"以茶为媒，借助共建"一带一路"倡议，将"万里茶道"沿线各国和各地的文化资源内涵传播至世界各地。

"万里茶道"在特定的时空里形成了跨越多种文化的"跨文化整体意义"，是中蒙俄不同文化交织和碰撞的产物，既见证了茶叶之旅对欧亚大陆贸易的贡献，又折射出不同文化交融交汇的特点，表现出人类文明的伟大。"万里茶道"和茶马古道均以茶为媒，让这条世纪之道发挥了巨大的社会价值和经济价值，由于"千百年的时间长度"产生了跨文化巨大的社会影响力。

（三）不断传承、创新发展的文化价值

"万里茶道"所承载的不仅是原始商贸的经济功能，而且是各民族融合与多元文化碰撞产生的跨文化，以及沿线旅游资源所承载的文化价值。这些文化遗产向世人展现了和平、开放的意识，促进了国际交流，有着极高的历史价值。

"万里茶道"在人类发展的历史长河中具有很高的历史与艺术价值，跨越中蒙俄的"万里茶道"，见证了世界从农耕文明过渡到科技文明，串联起东方农业文明、草原文明和工业文明。这几种文明不断交流和碰撞，互相影响、相互融合。世界各国的商人在这条茶叶之路上行走和贸易，展现不同国家、不同民族的文化、技术、审美、习俗等，互相借鉴、互相影响。"万里茶道"沿线的城镇、庙宇、教堂等文化遗产所体现出来的艺术价值，均离不开"万里茶道"繁荣的贸易往来。

"万里茶道"是历史发展的有力见证者，昔日先辈们种植茶叶、制作茶叶、运输与交易茶叶的景象，均是晋商文化的浓缩，也记录了茶文化对北方游牧民族生产生活方式的影响。因此，"万里茶道"是一部史书，是记载欧亚大陆不同民族贸易往来的巨作，也是中华民族向世界展示和平与文明的窗口。这部巨作"以史为鉴，可以知兴替"，包含农业发展史、科技发展史、贸易发展史，对欧亚大陆各国的贸易、文化交流产生了极高的历史价值。

"万里茶道"同时折射出人与自然和谐友好的精神。跨越东南沿海城市、长江流域、华北平原、蒙古高原、俄罗斯等，"万里茶道"跨越三个国家，横跨不同的地貌，有种植区、畜牧区、平原、草原、沙漠等。通过"万里茶道"，可以了解不同民族在不同的自然环境下的不同生活状态，以及不同文化与文明的交织碰撞，使得文化愈加多元。

（四）资源交换、互通有无的经济价值

首先，茶产地多位于南方的山地，其独特的自然环境导致交通条件较差，生活必需品严重匮乏，如粮食、布匹、调料等，当地居民必须与外界联系进行贸易，互通有无，才能满足生活需要。很多平原地区率先与茶产区进行物资交换，如江汉平原和洞庭湖平原地区用粮食、布匹来交换茶产地的山货及其他特产。其次，茶产地与北方地区也进行物资交换，北方的粮食、日用品等生活物资大量运往茶产区。晚清时期，各通商口岸出现大量的洋货，茶商将茶叶出售之后，采购域外的洋货在返途时售卖，积累大量资本。对于茶农而言，他们生活的主要经济来源就是进行茶叶贸易，用以维持生计。"万里茶道"沿线地区因大量茶农进行茶叶贩卖而兴起了许多茶叶市镇，如江西河口镇、湖北襄阳、山西祁县和大同等。这些市镇在茶叶贸易之路上具有重要意义，为附近居民提供了生存空间和贸易场所，也带动了市镇规模扩大、经济繁荣发展、百姓发家致富。中原和南方地区的居民将茶叶贩卖到北方地区，交换牛羊肉、马匹、毛皮山货等生活必需品，晋商逐渐成为这条路的传奇。最后，茶叶对于茶产区以外的民族来讲具有特殊的意义，其功效甚大。北方地区流传的谚语是"宁可三日无食，不可一日无茶"，"一日无茶则滞，三日无茶则病"。由此可见，"万里茶道"成为沟通联系各民族生计的纽带，民族文化交融之路，市镇发展的动力，文化文明繁荣发展的重要推手。

（五）合作共享、文明互鉴的文化交流价值

产自中国南方的茶产地的各类茶叶，经由"万里茶道"远播至北方、欧洲等地。茶商将本地居民的风俗、地域文化等均传播到各地，俄罗斯商人将欧洲的文化带到茶源地，与当地文化产生交融。世界各地居民在"万里茶道"进行物资贸易、文化交流，加深了各民族的感情，而且"万里茶道"为中蒙俄及其他亚洲、欧洲等国和地区搭建了沟通桥梁。茶叶是一种日常的保健饮品，从18世纪开始，茶叶大量运输到欧洲，使西方人对茶叶的喜爱与日俱增，养成了喝茶的生活习惯。"万里茶道"将中国的古老文化、民俗风情传入了欧洲，将中国风传向世界，掀起了一股中国风。中国文化受到了海外游客的喜爱，中国元素出现在各大场景。同时，"万里茶道"将欧洲的古老文明传至中国，给中国老百姓的生活方式、生活观念带来翻天覆地的变化，对中国的经济、文化等影响深远，越来越与国际接轨。"万里茶道"成为中外文化交流的重要平台，错综交织的文化文明愈加璀璨，成为欧亚大陆文化使者。

（六）旅游价值

"万里茶道"不仅是文化之路、历史之路、贸易之路，更是具有很高价值的旅游之路。源起于中国第一批国家重点风景名胜区武夷山，这里风景优美，宗教文化浓厚，道观、寺院林立。武夷山兼世界文化和自然双重遗产于一身，同时也是生物圈保护区、自然保护区、生态旅游示范区，独特的丹霞地貌美誉世界，世人冠以"碧水丹山、奇秀甲东南"的称号。"万里茶道"以北，是长沙、南昌、武汉等城市，这里人口密集、经济发达、历史文化氛围浓厚，著名的旅游景点有黄鹤楼、岳麓山、晴川阁、滕王阁等。自然风景资源丰富多样，既有江南水乡的精致秀气之美，又有长江恢宏大气之慨；人文环境方面，民风民俗优良淳朴，包容大气。沿线往北就是中原和华北平原，自然风光和民俗风情独特，山河壮美，饮食文化源远流长，异彩纷呈。这里地域辽阔、风景优美、民风豪放、文化绚烂。越过蒙古高原，便来到西伯利亚地区，这里的俄罗斯风情热情奔放，独特的自然环境和人文环境让人流连忘返。

"万里茶道"独特的自然环境、丰富的历史遗迹、多彩的风土人情，使得它与丝绸之路一样成为重要的国际商路，跨越了中蒙俄三个国家，成为欧亚大陆贯通的黄金线路。当人们用历史的眼光去欣赏"万里茶道"上的文化、遗址、风景时，就像在阅读一本年代久远的典藏书籍，震撼心灵，深刻感受历史的厚重与伟大。

三、作为文化线路遗产的"万里茶道"演进特征

（一）作为文化线路遗产的"万里茶道"特征解析

"万里茶道"线路的文化遗产有两个非常显著的特点：一是各类文化遗产既包括已列入保护范围的交通驿站、典型建筑，也包括各类被毁灭或遭到破坏的历史遗迹，将这二者结合起来，才能展现"万里茶道"文化的完整性。二是非物质文化遗产与物质文化遗产融会贯通，才能将线路整体的历史、文化等完整地展现在世人面前。

"万里茶道"茶源地大多来自民族地区，武陵山、雪峰山等均是多民族聚居地。茶源地的茶叶运送到北方，能够服务于蒙古族、回族等的生活需求，南货北用，增进各民族互信和友谊与团结。"万里茶道"繁衍的文化价值世代流传。

"万里茶道"为各民族交融交往搭建了良好的媒介和平台，是中西方文明互鉴的载体，将中国的茶文化与其他国家的历史文化结合起来，向世界各地宣传茶文

化，以茶会宾客、亲友是中国一直以来的传统文化，且对周边国家的茶文化、茶礼仪有着深远的影响，如韩国、日本、俄罗斯等，无不深受影响而推崇茶文化。

（二）作为文化线路遗产的"万里茶道"类型解析

文化遗产具有极高的文化价值、历史价值、经济价值，在历史长河中传承着文化认同与历史文明，不断繁衍生息。与物质运输通道相比，文化遗产是随着历史的变迁不断繁衍变化的，对特定时期的文化内涵展现无遗，能够全方位记载人类迁移史、不同民族交往而产生的活动遗迹，文化积淀极为深厚。文化遗产的线路由核心象征、符号特征、活动主体、历史遗迹等组成。而"万里茶道"的核心理念是茶叶贸易，记载了茶商将茶叶销往全国乃至世界的历程；核心象征是茶叶的流通，将内地文化传播到全国及全世界，将域外文化传入中国，实现了文化的交融；活动主体是商人、居民、游客等，人们的生产生活方式彼此影响，形成多元综合的典型特征。

"万里茶道"的遗产类型多样，以中国段为例，遗产包含了古道、码头、工厂、会馆、银行、寺院、村落、茶园等，遗产要素丰富多样。其中的世界文化遗产、全国重点保护文物等构成了独具魅力的文化线路。

（三）作为文化线路遗产的"万里茶道"价值解析

文化线路遗产所承载的核心价值在于，贯穿其间的文化内涵能够带动不同区域、不同文化产生交融并对各方互惠互利，集中体现了"一带一路"倡导的"共商共建共享"的理念，其传承和文化价值极高。"万里茶道"始于中国，途经俄罗斯、欧洲等国，将茶叶传输至码头、村庄、城镇等不同区域，茶文明与茶叶之路交织繁荣，在沿途各城市留下了人类文明的遗迹，世界各国文化在此交织交集产生碰撞和火花，裂变出愈加璀璨的文明文化。现今留存的遗迹见证了当年茶叶之路的盛景，将以古鉴今的历史使命发挥到极致，充分印证了"万里茶道"在中俄、中欧、中蒙国际交流方面的巨大贡献。这些文化遗产具有极高的普世价值，是世界各国文化的遗迹，是世界人民共同的文化遗产。另外，"万里茶道"具有极高的继承价值，在很多方面做出了历史贡献，如城乡聚落景观价值、艺术价值、文明传播价值、历史价值等。沿线各族人民也见证了"万里茶道"的沧海桑田，见证了贸易往来的繁荣盛况。城乡聚落是"万里茶道"沿线不可或缺的组成部分，集合了有形要素与无形要素，承载展示了老百姓的生活起居、习俗特点，展现了茶叶之路变迁过程中人文环境与自然环境历史演变交织的过程。景观价值是"万里茶道"遗留下来的建筑、空间遗址等，展现了当年不同文化交融带来的艺术体现，是艺术最直观、最形象的体现，如晚清风格的亭台楼宇、古瓦青砖、砖雕、石雕、木雕等，美轮美奂的建筑物屹立在茶叶之路上，凝重、沉静，体现了中国茶文化向世界传播之美，各国文化交织之果，这些文化遗产是中国文明发展的瑰宝和见证者。

四、中蒙俄"万里茶道"文化旅游项目合作的必要性与可行性

（一）中蒙俄文化旅游合作的必要性分析

1.加速推进"丝绸之路经济带""五通"的必然要求

丝绸之路是"一带一路"发展的资源基础，沿途的地理风貌和人文资源共同交织构成一道亮丽的风景线，旅游业具有综合性特点，能够将各产业、各要素融合在一起产生裂变效应，在丝绸之路建设中具有先导和联通的作用。旅游资源能耗低、产业带动作用明显、解决就业能力强，是朝阳产业和绿色产业，是展示国家形象的重要窗口和媒介，是国家对外开放的重要载体。"一带一路"的发展，带动了旅游业跨越国界、行业，不断与各产业融合，不断进行消费升级，国际化趋势愈加凸显，跨境旅游是推动"一带一路"建设的重要推力。

习近平主席在阐述建设丝绸之路经济带时提出了"五通"的构想，以开放包容为原则，实施以下"五通"：政策沟通、设施联通、贸易畅通、资金融通、民心相通。旅游业的发展带动了经济、政治、文化、社会等各领域的全面发展。首先，国与国之间合作的重要影响因素之一就是政治因素，旅游业长期以来被称为"民间外交"和"和平使者"，旅游业不仅带动了地区经济发展，还增进了人们之间的情感交流，改善了国与国之间的政治信任，推动多边贸易顺畅进行。其次，中蒙俄旅游深度合作加速了"一带一路"的进程，对区域旅游合作与文化文明建设方面影响深远。不断加快中蒙俄文化交流的步伐，优化了人文环境，民心相通进程加快。再次，旅游合作的重要基础就是交通的便捷性。中蒙俄三国交通基础较差，无法为游客提供满意的交通服务，满足不了丝绸之路经济的建设的要求，亟须建设高质量、多元化的交通网络来满足游客的出行需求。随着中蒙俄三国旅游业的深度合作，将推动三国间交通网络枢纽的建设，有效推进立体交通网络的建设，推动丝绸之路经济带的联通。最后，中蒙俄跨境旅游的发展，促使人民往来频繁，带动货币交换、货币结算等业务，使得人民币国际化，三国贸易额不断攀升，有利于实现贸易畅通、资金

融通、人民获利。文化给经济发展注入了灵魂，带来了支撑与载体作用，对外经济交往中要依靠文化先行和先导作用，才能不断带动经济的纵深发展。旅游业的灵魂是文化，文旅融合发展，完全符合"丝绸之路经济带""五通"的发展要求，也是中国旅游业对外交往的有效手段。

2.构建东北亚和谐国际环境的客观需要

中蒙俄由于天然的地缘特征，有着较长的边境线，中蒙边境线长达4 700多千米，是我国与邻国最长的边境线；中俄之间的边境线达4 300多千米，形成了互相依赖、密切联系的关系。在长期的国际合作中，中蒙俄不存在历史遗留的政治或历史问题，三国唇齿相依，互信度极高。中蒙俄三国元首多次展开元首会晤，商谈三国经贸发展，分别在塔吉克斯坦杜尚别、俄罗斯乌法、乌兹别克斯坦塔什干召开的上海合作组织峰会上进行了元首会晤，该会晤形成了机制化、定期化的发展，推动中蒙俄经济走廊的建设，签署了《中蒙俄中期合作路线图》《中蒙俄经济走廊建设规划纲要》等，三国合作交流开创了新的高度。

因此，中蒙俄旅游业可以利用地缘优势，以三国边境地区多彩的自然资源、绚丽的人文资源等为切入点，不断进行深度交流，不断化解政治偏见，推动三国高效有序的发展。中蒙俄跨境旅游有利于人民增进相互之间的了解、消除偏见、改善国际合作的软环境，推动区域经济转型，有效推进中国文化走向世界，并为构建和谐的国际环境做出巨大贡献。三国旅游业的融合协同发展，不断优化跨境旅游的环境，频繁的人文交流活动将爱好和平、友好互信的理念展现得淋漓尽致，在这样宽松和谐、高效协同的经济背景下，三国合作共赢共谋跨境旅游发展成为大势所趋，向着利好方向跨越式发展。

3.释放中蒙俄经贸合作潜力的必然选择

蒙古和俄罗斯是中国在共建"一带一路"倡议中的重要合作伙伴，地缘结构的天然优势使得中国成为蒙俄两国最大的贸易合作伙伴，在能源、资源、技术等方面提供了较大的支持。长期以来，三国的经贸合作以货物贸易为主，特别是能源方面，成为彼此信赖的伙伴。根据统计结果，2019年俄罗斯与中国的双边贸易额同比增长2.5%，达到1 109.19亿美元。其中，俄罗斯对华出口额增长1.4%，达567.91亿美元；自中国进口额增长3.6%，达541.27亿美元。2019年俄中贸易额占俄罗斯对外贸易总额的比重增至16.6%，较2018年（15.7%）上升0.9个百分点。分国别（地区）看，2018年中国是俄罗斯的第一大出口市场，出口额为560.8亿美元，增长

44.1%，占俄罗斯出口总额的12.5%；芬兰是俄罗斯的第二大出口市场，出口额为435.2亿美元，增长22.2%，占俄罗斯出口总额的9.7%；排名第三的是德国，出口额为341.0亿美元，增长32.5%，占俄罗斯出口总额的7.6%（见图3-4）。

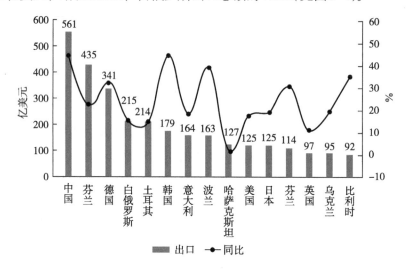

图3-4　2018年俄罗斯货物贸易出口TOP15国家和地区

资料来源：俄罗斯海关前瞻产业研究院整理。

2018年俄罗斯自中国、德国和美国的进口额为522.0亿美元、255.1亿美元和125.3亿美元（见图3-5）。

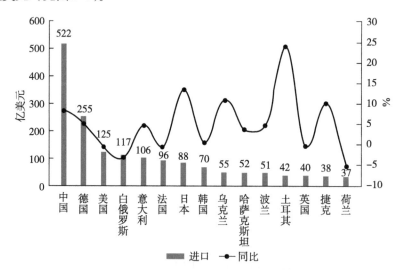

图3-5　2018年俄罗斯货物贸易进口TOP15国家和地区

资料来源：俄罗斯海关前瞻产业研究院整理。

中国对蒙古国的投资稳步增长，2019年蒙古国的主要贸易伙伴有中国、俄罗斯、日本、美国、英国等，其中，蒙古国与中国的双边贸易额高达89亿美元（占其外贸总额的比例为65%），其对中国出口商品金额为67.98亿美元，从中国进口商品为20.6亿美元。按照外贸依赖度的计算公式，2019年蒙古国的外贸依赖度高达99%，与中国的贸易依赖度则为64.26%（见图3-6）。由此可见，中国是蒙古国出口、进口商品的最主要渠道，蒙古国经济高度依赖与中国的双边贸易。

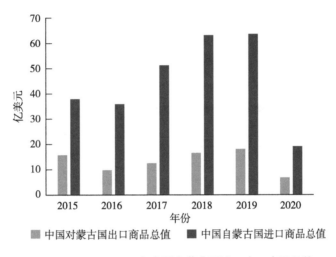

图3-6 2015—2020年中国自蒙古国进、出口商品总值

随着中蒙俄经贸关系的推进，中国成为蒙俄最大的贸易伙伴国。但是，由于近些年国际市场动荡，原有的大宗商品价格不断走低，中蒙俄三国的贸易发展增速缓慢。从2015年开始，中蒙、中俄之间的贸易额出现下降（见表3-4）。在"一带一路"的带动下，中蒙俄贸易领域不断扩大，合作规模升级，合作深度和广度均得到提高（见图3-7和图3-8）。然而，经贸额依然没有大幅提升，三国亟须寻找开拓新的合作领域。当前全球经济一体化进程加快，经济结构转型升级，使得三国的经贸合作不断转向高科技、高附加值、新能源、新技术等领域。领域服务贸易具有投入小、产出高、见效快的特点，带动示范效应明显优于其他产业，发展前景更加光明。由此，中蒙俄三国跨境旅游愈加频繁，为中俄蒙经济走廊的建设奠定了坚实的基础，是润滑剂和助推器。

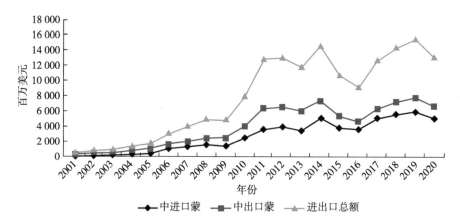

图 3-7　中蒙双边贸易进出口数据统计

表 3-4　中蒙俄三国的双边贸易现状

单位：百万美元

年份	中俄贸易情况			中蒙贸易情况			蒙俄贸易情况		
	中进口俄	中出口俄	进出口总额	中进口蒙	中出口蒙	进出口总额	俄出口蒙	俄进口蒙	进出口总额
2001	7 958.79	2 710.47	10 669.26	239.50	22.84	262.34	215.70	36.52	252.22
2002	8 406.69	3 520.74	11 927.43	223.42	140.03	363.45	231.59	48.79	280.38
2003	9 728.07	6 029.93	15 758.00	283.95	155.89	439.84	284.09	35.64	319.73
2004	12 127.41	9 098.12	21 225.53	461.07	233.35	694.42	363.35	21.36	384.71
2005	15 889.94	13 211.28	29 101.22	541.03	318.89	859.92	443.25	22.40	465.65
2006	17 554.33	15 832.49	33 386.82	1 147.48	433.50	1 580.98	489.98	37.61	527.59
2007	19 688.58	28 529.90	48 218.48	1 351.65	683.62	2 035.27	628.79	48.22	677.01
2008	23 832.76	33 075.85	56 908.61	1 525.61	907.83	2 433.44	1 098.49	70.9	1 169.39
2009	21 282.95	17 513.77	38 796.72	1 338.68	1 057.93	2 396.61	654.03	63.00	717.03
2010	25 913.99	29 612.07	55 526.06	2 549.85	1 449.76	3 999.61	936.57	79.10	1 015.67
2011	40 362.60	38 903.02	79 265.62	3 700.78	2 731.76	6 432.54	1 485.56	89.12	1 574.68
2012	44 138.28	44 056.55	88 194.83	3 944.21	2 653.51	6 597.72	1 851.41	64.26	1 915.67
2013	39 667.83	49 591.17	89 259.00	3 509.55	2 449.59	5 959.14	1 572.14	40.93	1 613.07
2014	41 593.51	53 676.94	95 270.45	5 102.09	2 216.38	7 318.47	1 460.43	40.44	1 500.87
2015	33 258.66	34 756.88	68 015.54	3 795.38	1 570.70	5 366.08	1 117.22	43.50	1 160.72
2016	32 260.15	37 339.60	69 599.75	3 622.60	988.54	4 611.14	895.67	35.91	931.58

年份	中俄贸易情况			中蒙贸易情况			蒙俄贸易情况		
	中进口俄	中出口俄	进出口总额	中进口蒙	中出口蒙	进出口总额	俄出口蒙	俄进口蒙	进出口总额
2017	41 390.29	42 830.60	84 220.89	5 167.31	1 235.61	6 402.92	1 326.72	41.14	1 367.86
2018	59 081.34	47 983.44	107 064.78	5 647.59	1 589.64	7 237.23	1.415.63	46.74	1 462.37
2019	61 053.44	49 712.66	110 766.10	5 963.15	1 839.45	7 802.60	1 523.67	50.69	1 574.36
2020	57 142.67	50 569.67	107 712.34	5 013.15	1 619.45	6 632.60	1 694.45	52.63	1 747.08

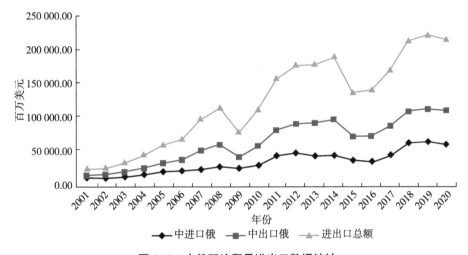

图 3-8　中俄双边贸易进出口数据统计

数据来源：UNComtrade 数据库以及作者整理后绘制。

4.优化我国区域旅游业格局的重要保证

旅游业的六大要素是"食住行游购娱"，以此满足游客的各方面需求，产业形态的包容性极大，被称为"无烟产业""绿色产业"。近年来，旅游业迅猛发展，我国已成为世界最大的旅游目的地，出入境旅游发展势头良好。总体而言，我国出境游主要目的地是港澳台、东南亚、欧美发达国家，旅游规模与旅游人次不断攀升，而北亚、东亚、西亚等国际旅游市场发展速度较慢，旅游规模较小，呈现出"两头强、中间弱、南发达、北滞后"的不均衡发展态势。由此，我国出境游必须不断优化产业结构、扩大规模效益、开辟新的旅游线路才能更好地推进可持续发展，才能真正满足游客需求。丝绸之路的发展推动了沿线旅游资源的开发、整合，给沿线城市带来前所未有的良好机遇，为各国经贸往来带来强劲的发展动机。中国应紧抓契机，大力发展国内市场，全力拓展海外市场，为中蒙俄经济走廊的建设搭建桥梁、提供便利，构建多国合作、多文化交融的新格局，推动我国旅游业进入全新的时代。

（二）中蒙俄文化旅游合作的可行性分析

旅游业的开放程度高，与世界各国、各行业、各领域均有密不可分的联系，具有领航功能，是国际合作中的政治、经济、文化的引擎和能量源。中蒙俄旅游贸易合作对三国的政治、经济、文化等均有无可替代的战略意义。在"一带一路"推动下，推动三国旅游合作进程不断加快的客观条件主要有以下三个方面。

1.政治互信下三国发展战略的高度契合

中蒙俄自建交以来，长期维持着睦邻友好的国际关系，2014年5月中俄签署《中华人民共和国与俄罗斯联邦关于全面战略协作伙伴关系新阶段的联合声明》；2015年11月，中蒙签署《中华人民共和国与蒙古国关于深化发展全面战略伙伴关系的联合声明》，标志着中蒙俄三国的政治互信达到了新的高度。同时，在全球市场缓慢恢复、需求下降的背景下，中蒙俄三国依然有共同的诉求和相同的目标，实属难能可贵。2012年，蒙古国投资约500亿美元建设的"草原之路"，促进贸易振兴、发展本国经济，收到良好效益。2014年9月，蒙古国成立的"草原之路"工作组，不断加快"草原之路"工程的进展，成为国家发展的重要战略。蒙古国在"一带一路"和"草原之路"的建设下，充分利用本国的地理位置与资源优势，深挖潜力，振兴经济，不断扩大对外经济贸易。

俄罗斯实施了"向东看"的战略以抗衡西方国家的制裁，伴随远东开发战略不断将发展重心向西伯利亚和远东地区移动。2014年普京总统宣布实施改建西伯利亚大铁路和贝阿铁铁路工程，耗资5 620亿卢布来建设欧亚大铁路通道，为"一带一路"保驾护航。俄罗斯欧亚经济联盟的建设加速了一体化进程，各国经贸往来更加频繁。"一带一路"倡议和"欧亚经济联盟"相比，更具开放性与包容性，欧亚经济联盟各成员国均在"一带一路"沿线，势必在经贸方面与中国有着密不可分的联系。那么，中国可以借助此便利条件打通欧亚市场，实现与欧亚各国在产品、资源、技术、人力等方面的合作与交流，加快国际化进程，使互惠互利的空间得以有效提升。

2014年，中俄蒙三国领导人首次会晤，把丝绸之路经济带同俄罗斯跨欧亚大铁路、蒙古国"草原之路"倡议进行对接，打造中俄蒙经济走廊。2015年7月，三国元首第二次会晤，批准了《中俄蒙发展三方合作中期路线图》，签署了《关于编制建设中俄蒙经济走廊规划纲要的谅解备忘录》等相关合作文件，中俄蒙经济走廊的建设进入实质性推进阶段。新常态下，中俄蒙处于最佳的发展状态之下，政治互信度日益提升，发展战略高度契合，旅游合作空间愈加宽广，持续性、稳定性的政治关系为三国的深度合作保驾护航。

2.旅游合作形成共识，人文基础扎实

2001年上海合作组织成立时，丝绸之路沿线国际区域旅游合作问题就成为各国商讨的重要议题。随着"一带一路"和中俄蒙经济走廊建设的深入发展，三国旅游合作的规模日益扩大。2014年12月，中国国家旅游局起草《丝绸之路经济带和21世纪海上丝绸之路旅游合作发展战略规划》，提出了今后要着重整合旅游资源、建设智慧旅游、实施丝绸之路品牌塑造、不断开发旅游产品等旅游一体化合作战略。2015年3月，中国国家发展改革委、外交部、商务部联合发布《推动共建丝绸之路经济带和21世纪海上丝绸之路的愿景与行动》，提出"加强旅游合作，扩大旅游规模，互办旅游推广周、宣传月等活动，联合打造具有丝绸之路特色的国际精品旅游线路和旅游产品，提高沿线各国游客签证便利化水平"。

2015年中俄蒙三国共商合作事宜，要借助中俄蒙经济走廊来推动三国旅游业深度合作，将在政策、产品、资源、技术、人力等方面全面合作。我国北部边境城市与蒙古国、俄罗斯接壤较多，边境线占中国全部边境线长的1/3。中俄蒙三国地缘结构唇齿相依、资源能源山水相依、文化习俗相近，这些优势条件有利于构建三国命运共同体和经济利益共同体。由于历史原因今日生活在我国内蒙古、东北三省和新疆阿尔泰地区的蒙古族各部和鄂伦春族、达斡尔族、鄂温克族，与今蒙古国的喀尔喀蒙古人和居住在俄罗斯卡尔梅克、鄂霍茨克等地的卡尔梅克蒙古人、鄂温克人等均为同一个民族，同一语系，并且基本都信仰佛教和萨满教。不仅如此，上述跨境民族的多数是在蒙元时期由不同民族融合而成的新的民族群体，他们在语言、文化和生产、生活习俗上存在许多共同之处，相互之间的人文联系悠久而深远。

3.丝路基金和亚投行为三国旅游合作提供资金保障

旅游业的发展离不开其他各要素的支持，如交通、资源、基础设施等，依赖性较强。旅游业发展的必要硬件就是交通网络发达、基础设施完善、产品结构丰富、人员素质较高，这些要素是衡量旅游业发达程度的重要标志。跨境旅游建设中基础设施投资力度最大、风险最高，必须有强大的资金支持才能予以实现，这是长期投资的计划。中国政府为了加快"一带一路"进程，争取更多的资金支持，成立了亚洲基础设施投资银行，其组织结构就是由各国政府共同出资、共同受益，拉近彼此距离。2014年11月8日，习近平主席在APEC会议期间宣布，中国还将出资400亿美元成立丝路基金，为"一带一路"沿线国家基础设施建设、资源开发、产业合作等有关项目提供投融资支持。"一带一路"国际合作高峰论坛于2017年5月14日在北京召开，习近平主席在演讲中提出，中国将加大对"一带一路"建设资金支持，向丝路基金新增资金1 000亿元人民币，鼓励金融机构开展人民币海外基金业务，规模预计约3 000亿元人民币。中国国家开发银行、进出口银行将分别提供2 500亿元和1 300亿元等值人民币专项贷款，用于支持"一带一路"基础设施建设、产能、金融合作。我们还将同亚洲基础设施投资银行、金砖国家新开发银行、世界银行及其他多边开发机构合作支持"一带一路"项目，同有关各方共同制定"一带一路"融资指导原则。丝路基金、亚投行等金融协调的引领作用持续发挥，新型金融机制和传统金融机构各有侧重、互相补充，构建层次清晰、规模庞大的金融网络系统，吸引国际上各类金融资本和民间资本，逐步形成政府主导、民间参股、多国融资的融资体系，把资金集中起来、推进互联互通早日实现。

此外，丝路基金、亚投行对"一带一路"沿线国家互联互通起到了至关重要的作用。互联互通是集"基础设施、规章制度、人员交流"于一体的，主要体现在五大领域协同发展：政策沟通、设施联通、贸易畅通、资金融通、民心相通。互联互通以人文交流为基础，才能夯实社会根基。旅游业的发展可以加速推进丝绸之路经济带建设的步伐，其战略地位不容小觑，有一种说法诠释了旅游业的作用："一带一路"，旅游先行；互联互通，旅游先通。中国作为"一带一路"沿线重要的国家，与蒙古国、俄罗斯开展跨境旅游合作，依靠丝路基金和亚投行作为资金保障，未来的发展趋势将日益向好。

第四章

中蒙俄"万里茶道"文化旅游合作的资源基础

第一节 中国的旅游资源状况

一、中国的旅游资源状况

随着经济的快速发展和人民收入的增加、闲暇时间的增多,人们的主要休闲方式由室内变为户外,休闲度假成为放松身心的首选,成为拉动经济增长的第一大产业。旅游资源包括自然资源和人文资源,是旅游业发展的重要物质保障和前提条件。自然资源是指天然形成且具有观赏价值和地域特点的自然环境和自然景象。人文资源是指人类社会发展过程中所创造的物质和精神财富的总和,这些财富是人类历史、文化、文明的缩影,见证了人类发展史。自然资源和人文资源交织在一起,给游客带来了全新的体验,为旅游活动奠定了基础。中蒙俄三国有丰富的自然景观、独特的民族风情、多样的旅游资源,为跨境旅游的发展提供了良好的资源条件。加之我国地大物博,历史悠久,文化灿烂,景观丰富,吸引着无数游客前来观光游玩,成为中国文化传承发展的载体。

(一)自然旅游资源概况

(1)地文景观

我国的地文景观旅游资源以山景为主体,还有美丽奇特的山岳岩体景观,历史遗迹众多。中国素有"南秀北雄"之说,既有江河湖海、重峦叠嶂,又有冰山植被、地貌景观。如中国著名的佛教名山、道教名山、珠穆朗玛峰等名山,丹霞地貌奇特闻名,旅游价值闻名于世。地文景观雄奇险峻,可以开展科普教育、探险运动、文化旅游等。

(2)水域风光

我国江河湖海纵横交错,具有雄、奇、秀的特点,著名的黄河、长江、漓江、钱塘江等都是典型代表。我国水域旅游资源类型多样,独特不一。除了有雄伟壮观的大江大河,还有气势磅礴的瀑布峡谷、浩瀚缥缈的青海湖、美不胜收的喀纳斯湖、雄伟壮观的壶口瀑布、纯净壮美的绒布冰川等。

（3）生物景观

中国旅游资源中对海内外游客最具吸引力、最具活力的景观就是生物景观。主要包括森林、草原、野生动物等。例如，我国最美的森林景观有大兴安岭北部兴安落叶松林、蜀南竹海、新疆天山雪岭云杉林、吉林长白山红松阔叶混交林、海南尖峰岭热带雨林、云南白马雪山高山杜鹃林、西藏波密岗乡林芝云杉林等。草原景观有呼伦贝尔大草原、那拉提草原、那曲草原、马兰花草原、锡林郭勒草原、巴音布鲁克草原等；珍稀动物包括大熊猫、丹顶鹤、藏羚羊、东北虎、白鱀豚等。

（4）气候天象

我国气候类型多样、差异性大，不同地域气候类型完全不同，形成的自然景观奇特各异。如大连、青岛、海南等都属于海洋资源丰富、气候湿润、自然景观极美的旅游胜地；西藏、青海、内蒙古、新疆等属于比较干燥且温差较大地区，形成的自然景观四季分明；哈尔滨、黑龙江等天气严寒，冰雪资源富集，是滑雪胜地。丰富多彩的天象景观造就了五彩缤纷的大千世界，是旅游业顺利进行的前提和基础。

（二）人文旅游资源状况

人文旅游资源是在人类长期的生产、生活中创造的，能够全面反映各族人民政治、经济、文化、民俗等生活状态的事物和因素的总和。中国地大物博、历史悠久、闻名于世，人文资源极为丰富，在世界享有盛誉。人文旅游资源是被人类有意识地创造出来的，通过其他载体赋予其内涵而展现出来的，如通过博物馆、游乐园、文化宫、体育馆、艺术节、音乐节等形式展现文化内涵，彰显出浓厚的现代气息。

（1）文物古迹

我国人文旅游资源中最具特色和文化内涵的就是文物古迹，承载了中国上下五千年的文明历史，如兵马俑、莫高窟、明十三陵、延安旧址等，均能看到其历史内涵，展现文明发展，起到以古鉴今的作用，具有极高的艺术价值、科学价值和历史价值。

（2）民俗风情

文化旅游是旅游者比较喜爱的一种旅游形式，是以文化旅游资源为支撑，旅游者通过游览、学习、考察等方式获取文化知识、增加文化知识获得感。其实质是以文化交流为主，游客最终获得精神和智力方面的满足，属于一种高层次的旅游活动。文化旅游对于弘扬当地的民族文化、风土人情作用巨大。我国有55个少数民族，在历史发展中形成多元的饮食文化、宗教信仰、民族服饰、礼貌礼仪等，均是游客产生较强吸引力的物质载体。民俗千差万别、种类繁多，不同地区、不同民族有不同的习俗，源自人民、传承于人民，又深刻影响着人民，世代相传。如春节包饺子、蒙古族那达慕、南方吊脚楼、傣族泼水节等均是典型代表。

（3）宗教文化

宗教是人类传统文化的重要组成部分，是人类社会发展进程中特殊的文化类型，对人们的生活方式、思想观念、行为方式、民风民俗等均有深远的影响。宗教以信仰为核心文化，在中国悠久的历史长河中，宗教所包含的文化形态非常丰富。不同地区、不同民族、不同时期均有不同的宗教，宗教本身就是一种文化，是一种人文景观，涉及的领域有政治、哲学、艺术、音乐、建筑等形态，各种宗教文化相互渗透、相互影响、相互包容，逐渐形成世界文化的组成部分。

第二节　蒙古国旅游资源状况

蒙古国地缘结构特殊，位于中俄之间，呈被包围状，国土面积156.65万平方千米，居世界第十七位，是没有沿海的内陆国家。在内陆国家中面积仅次于哈萨克斯坦。蒙古国海拔高、地势复杂、干旱少雨、气候变化多样、温差大，冬季严寒、夏季酷热。这样复杂多变的气候条件造就了其独特的自然景观，和其他国家相比差异性大、吸引力强。蒙古国自然资源保留了原始大自然的风貌，自然遗迹保存完整，得益于蒙古国人民爱护大自然、敬畏大自然的生活理念。蒙古国地理位置优越、资源丰富，人民生活条件日益改善。加之中国经济的快速发展，国内旅游环境日益向好，很多中国人都想通过旅游欣赏美景、感受异国独特的文化，而蒙古国恰恰满足了游客这方面的需求。蒙古国地广人稀，自然景观非常独特，旅游资源丰富，盛行游牧文化，典型的景观有草原、森林、湖泊、沙漠等（见表4-1）。

表4-1　蒙古国旅游景区一览表

景区地理位置	景区名称
西北部	库布德四季雪山风景区 阿尔泰湖、盐湖、喷泉旅游区 乌布斯河、特斯河、金沙风景区
东北部	成吉思汗故乡 门纳恩平原和贝尔湖风景区
西南部	阿尔泰山脉两侧及珍稀动物自然保护区

景区地理位置	景区名称
西部	乌里亚斯台与特勒门湖风景区
北部	库布斯古尔湖风景区
中部	嘎鲁特河风景区 哈尔和林古迹与额尔浑河风景区 首都乌兰巴托市及周边风景区
南部	达兰扎德盖沙丘风景区 苏赫巴托尔省和达尔汗市

一、自然旅游资源概况

旅游行业赖以生存和发展的基础是旅游资源，蒙古国独特的游牧文化和景观使其自然资源和人文资源极具风情。蒙古国最大的吸引力源于一直以来游牧文化保留完整，游客有强烈的冲击感和新鲜感。世界各国经济越发达的城市越国际化，而蒙古国这样的游牧文化能给游客带来神秘感，驱使游客前来了解、体验蒙古国独特的自然资源和民俗风情。游客来蒙古国旅游的动机源自自然环境好、空气清新、原汁原味的历史与民俗文化等。蒙古国国土面积大、人口稀少，自然景观保留了较大的原始状态，原始风貌保留完整，森林、草原、戈壁、沙漠等景观遍布，具体表现为，阿尔泰山巍峨的雪峰、杭盖山苍翠的森林、色楞格河清澈的河水、库苏古尔湖晶莹剔透的涟漪、莫嫩草原碧绿的原野、乌布斯湖周围神秘的湿地，还有蒙古南部茫茫的戈壁、金灿灿的沙漠、陡峭的山崖，这一系列的"原生态"，使蒙古国成为探险家的乐园、旅游者的天堂（见表4-2）。蒙古国动物种类繁多，常见的有牛、马、绵羊、山羊、骆驼，也被称为蒙古国"五畜珍宝"。在蒙古国能真正体会"天苍苍、野茫茫、风吹草低见牛羊"，真正实现人与大自然融为一体，和谐相处，原始景观的壮美让人流连忘返。

表4-2　蒙古国主要旅游资源景区

位置	地区与景区
西部	乌里亚斯台与特勒门湖风景区 库布德四季雪山风景区 乌布斯河与金沙风景区 东方省蒙古国大草原 阿尔泰山动物自然保护景区

续　表

位置	地区与景区
东部	岗嘎湖和锡林博格多平原洞穴风景区 成吉思汗故乡 门纳恩平原和贝尔湖风景区
中部	嘎鲁特河风景区 哈尔和林古迹与额尔浑河风景区
南部	达兰扎德盖沙丘风景区 蒙古国大戈壁滩
北部	库布斯古尔湖风景区 阿尔泰湖、盐湖与喷泉旅游区 阿尔泰—杭盖高原区域
首都	首都乌兰巴托市及周边风景区 博格多汗皇宫 甘丹寺 成吉思汗度假村

　　蒙古国的自然生态资源极具吸引力，地域辽阔，自然人文资源丰富奇特，为蒙古国发展旅游业提供了得天独厚的条件。动植物资源丰富、历史文化遗产众多，民俗风情独特，这些资源对国外游客而言均具有新鲜感和刺激性。加之蒙古国特殊的地理条件和气候条件，适宜开展钓鱼、滑雪、爬山等户外活动和探险活动，能够满足游客的多样需求（见表4-3）。

表4-3　蒙古国主要自然生态资源

国家自然生态公园	特点	活动	旅游旺季时间
阿尔泰塔弯博格多国家公园	山羊、湖泊、冰川、雪豹、山脉	登山、骑马旅行、散步旅行、钓鱼	6月到9月
特勒吉国家公园	石块、河、崎岖不平的小山	漂流、山地自行车、骑马、滑雪	四季
碧古尔班赛罕国家公园	沙漠、山脉、戈壁盘羊、野生羊	徒步、滑沙、骑骆驼、远足、观鸟	5月到10月
特尔金白湖国家公园	山、湖、狼、狐狸、鸟	钓鱼、徒步旅行、骑马、观鸟	5月到9月
鄂特冈腾格里峰生态保护区	山脉、河流、湖泊、盘羊、狗	骑马旅行、徒步、游泳	5月到9月
库苏古尔湖国家公园	湖泊、山脉、河流、鱼、狼	山地自行车、钓鱼、徒步、观鸟	四季
哈斯台国家公园	崎岖不平的小山、野猫、狼、鸟、植物	徒步、野生动物参观、参观植物	4月到10月

蒙古国相较于其他国家而言，自然风光独特，有戈壁沙漠和森林、高山、草原、湖泊等。

（一）库苏古尔湖

蒙古国最北边与俄罗斯交界处就是世界闻名的库苏古尔湖，它是蒙古国最大的淡水湖。面积达2 620平方千米，湖水深度达262.4米，储水量非常丰富，达3 800亿立方米。蒙古国最大最全的自然生态保护区是库苏古尔湖，于1992年被列为蒙古国四大国宝之一。该自然保护区动物繁多，尤其野生动物达60余种，有驯鹿、棕熊、山猫等。在蒙古国知名度相当高，无人不知无人不晓，水资源储备量达3 800亿立方米，是蒙古国重要的淡水资源，该湖最终汇入了俄罗斯的贝加尔湖。周围是高山、森林、草地，被称为"东方的瑞士"。储水量特别大，比贝加尔湖大得多，比中国所有淡水湖储水量的总和还要多，究其原因，在于其深度惊人。

（二）戈壁沙漠

蒙古国拥有世界最大面积的沙漠戈壁，由其独特的气候条件所致，地表全部被大量的砾石覆盖，地表裸露部分面积大，主要是岩石。蒙古国的国土大部分是沙漠戈壁，这种地形地貌独特，是重点发展区域，沿线重要城市均分布在这样的地貌圈，且面积很大，达12.9万平方千米，西南到东北跨度可达1 610千米，横跨五大省区，在亚洲属于面积最大的沙漠地区，这五个省分别是巴彦洪果尔省、中戈壁省、戈壁阿尔泰省、南戈壁省、苏赫巴托尔省。如何利用这种独特的地貌特征来发展经济，成为蒙古国重点发展的方向。戈壁沙漠是典型的自然景观，带给游客荒凉、苍凉之感，气温低、植被稀疏、海拔和纬度高，地质地貌景观奇特险峻，引人入胜。戈壁沙漠是大陆性气候，温差大，冬冷夏热，风景如画，地质景观非常壮观，包括丘陵、沼泽、峡谷、盆地等。

（三）奇山峻石

蒙古国中西部后杭爱省塔里亚特县有著名的特日亥查干湖和浩日告山。以自然旅游资源丰富奇特而闻名的后杭爱省，自然生态环境极为良好，景色壮美。浩日告山壮观奇特的景象源于其由自然火山岩石构成，显著特征是山顶洞坑深邃，壮观无比。

二、人文旅游资源概况

蒙古国是多民族国家，除了占主体的蒙古族，还有好多少数民族，如哈萨克族、巴亚特族、布里亚特族等，各民族交织交融，风俗习俗、民族风情互融互通，形成绚丽多彩的民族文化。各少数民族的服饰、民俗、生活习惯均不相同，构成了独特而宝贵的文化遗产，为游客们提供了别具一格的体验。那达慕大会是蒙古国最主要的节庆活动，每年7月举行，正是草原水草丰美之际，举办地点在首都乌兰巴托。比赛内容主要有骑马、摔跤、射箭等。特色美食有马奶酒、手把肉、奶食品等，最重要的是，蒙古族人民热情好客、载歌载舞地欢迎远道而来的贵宾，令游客们沉浸其中。蒙古国不仅自然资源丰富奇特，民族风情多姿多彩，更重要的是，蒙古族人民的热情、原始景观的奇特，这些均为蒙古国发展旅游业奠定了良好的基础。

（一）甘丹寺

建造于1838年的蒙古国最大最有名的寺庙就是甘丹寺，位于乌兰巴托市中心西北角，是典型的藏传佛教寺庙，鼎盛时期有600多名喇嘛在此修行布道，规模庞大。该寺庙定期举办各类祈祷仪式、祭祀活动等，吸引了无数信徒和游客。世界上最大的铜铸佛像屹立于此，该佛像始建于1996年，是由日本和尼泊尔捐助兴建的，佛像高大巍峨，高26米，重20吨，全身镀金，金光闪闪，威严肃穆。佛像内部结构是中空的，里面藏有药草、佛经334卷和祷文200万件，是蒙古国的瑰宝。佛像气势雄伟，富丽堂皇，极具观赏和收藏价值，是游客的必打卡之地。

（二）成吉思汗景区

成吉思汗景区是蒙古国最独特的旅游景区，每年前来观光旅游的游客数不胜数。该景区距离首都乌兰巴托只有60千米的距离，交通十分方便。景区内陈列了蒙古族特色的生活用品和服饰，还有成吉思汗骑马的铜像。

成吉思汗广场（Chinggis Khaan Square）位于乌兰巴托市中心，原名苏赫巴托广场，2013年7月正式更名。广场中心矗立着蒙古民族独立领袖苏赫巴托骑在马背上的雕像。作为杰出的政治家和军事家，成吉思汗在蒙古族人民心目中的英雄形象根深蒂固，成吉思汗建立了横跨欧亚大陆的帝国，在全世界有着深远的影响，深受人们爱戴和敬仰，是"拥有四海的大汗"。这座雕像于2008年建成，雕像高40米，重250多吨，造价高达400多万美金，可见重视程度。36根巨大的圆柱撑起了整座雕像，代表了蒙古国36个部落汗王，雕像下面有餐厅和美术馆。

（三）蒙古国历史博物馆

蒙古国内最大、成立最早、典藏最丰富的博物馆就是历史博物馆，原名是革命博物馆，位于首都乌兰巴托成吉思汗广场的西北角。20世纪90年代初更名为"蒙古国家历史博物馆"。历史博物馆集文化、教育、科学于一体，从蒙古国的发展史讲起，到现在的历史文化，均有展馆陈列。该博物馆共有三层，第一层主要展示蒙古石器时代的雕刻、遗址和生活用品等；第二层展示民族服装、服饰，展示少数民族特色；第三层展示游牧文化的代表藏品，极具特色。

第三节 俄罗斯旅游资源状况

俄罗斯国土面积大，地广人稀，是世界上唯一横跨欧亚大陆的国家。自然风光优美，民族风情浓郁，历史文化悠久，名胜古迹众多，对海内外游客有着强大的吸引力。

一、地质生态景观

俄罗斯拥有世界上丰富奇特的自然景观，其中地质地貌景观是最独特之处，著名的景点有萨哈林岛、堪察加火山群、阿尔泰山脊、勒拿之柱自然保护区、马鲁沙大山洞等。堪察加边疆区特别保护区拥有六处世界级文化和自然遗产，周围水域海洋资源丰富，俄罗斯有60%以上的海洋生物都富集于此，形成了自然资源和旅游资源极为丰富的旅游胜地。俄罗斯最大的生态旅游区是贝加尔湖沿岸旅游区、哈巴罗夫斯克边疆区，这里生态资源种类多、保护性好，自然环境极为优美，是俄罗斯东部最大的生态旅游区。此外，还有被列入世界生物圈大自然保护体系的锡霍特山脉自然保护区、远东海洋自然保护区、克德罗瓦亚帕季自然保护区和兴凯湖生物圈保护区等。

俄罗斯的地质景观丰富，有壮观的高山和峡谷，有美丽的高原、碧绿的草原、珍稀的野生动物等。埃尔布鲁斯山是最著名的高加索山脉的最高山峰，气势雄伟，是旅游者和探险爱好者热衷的旅游地。俄罗斯的峡谷也非常有名，如俄罗斯最著名的峡谷是鄂毕河峡谷，长达60多千米，景色壮美。沿着鄂毕河峡谷一路可以欣赏到美丽宜人的风景，有古老的水车、水塔、教堂、石柱等。还有一个大峡谷是勒拿河峡谷，长约82千米，在俄罗斯中部地区，景色宜人，非常适合探险运动。峡谷的神奇景观，让游客们流连忘返。

俄罗斯国土面积广大而神秘，气候条件差异性大，叹为观止的自然景观成为俄罗斯重要的自然地标，森林资源极其丰富，成为世界第一的森林资源国家，拥有世界面积最大的亚寒带针叶林。俄罗斯的森林资源分布不均衡，主要分布在乌拉尔以东和远西伯利亚，大多是国有林，占比94%。人均面积和人均森林蓄积量都在世界位居前列。北方以针叶林为主，南方以阔叶林为主，落叶松、云山、松树等主要分布在西伯利亚。

二、水域和滨海风光

俄罗斯水域风光优美，水资源富集，四大水系分别是鄂毕河、叶尼塞河、勒拿河和阿穆尔河，还有很多著名的水域风光旅游区，如贝加尔湖、兴凯湖、科耶湖、阿雷湖等，以及白海—波罗的海运河、西伯利亚河流、北冰洋航线等。贝加尔湖是世界上最深、最清澈、水资源储量最大的湖泊，水质非常好，清澈见底，景色优美。贝加尔湖在世界上享有盛誉，是最古老的淡水湖。它像一轮弯月镶嵌在俄罗斯大地，狭长弯曲犹如新月，被称为"月亮湖"。贝加尔湖长636千米，宽48千米，面积3.15平方千米，深744米，海拔456米。湖水中营养成分相对少，被称为"贫营养湖"，尤其是氮磷元素含量低，藻类植物密度小，因此，才有了湖水的清澈见底、晶莹剔透。按照我国的标准来勘测贝加尔湖，该湖水属于水质最好的湖泊。贝加尔湖被列入联合国教科文组织世界遗产名录，植物群和动物群丰富多样。埃尔顿湖是欧洲最大的矿物湖，是盐湖，能够治疗多种疾病，如神经系统、消化系统、妇科疾病等，是重要的疗养胜地。拉多加湖是仅次于贝加尔湖的第二大湖，是欧洲最大的淡水湖，湖的水域岛屿非常多，大约有660个。

阿穆尔河属于中俄分界河，地位极其重要，位于中国境内的叫黑龙江，位于俄罗斯境内的叫阿穆尔河，有长达半年的冰霜期，景色优美、壮观，流经俄罗斯许多城市，沿河流域人文资源、自然资源富集，遍布历史古迹，具有良好的人文气息。海岸线较长，遍布众多海滨浴场和度假疗养地，是非常著名的休闲旅游区，为游客提供的疗养项目众多，如泥疗、矿泉疗、康复疗等，功能齐全、设施齐备。还有许多自然保护区、瀑布等自然景观、历史遗迹、村落景观等。

三、历史和民族文化

俄罗斯民族的人民纯真善良，产生了很多美丽的传说，如三只熊等，闻名世界，特别是俄罗斯套娃在全世界深受欢迎，成为其象征。俄罗斯套娃原型是木头所制的娃娃，源于童话故事里的人物、动物等。这些娃娃大小不一，相互套嵌，趣味无穷。套娃的素材，除了童话人物、历史人物，还有许多日常生活中的人物都成为创作灵感，套娃的个数依肚子里含的小娃娃个数而不同，有5个、7个、12个、15个等套件。

俄罗斯套娃制作工艺特别考究，经历的工序繁多，由大到小，情趣盎然。每个套娃内壁都要做得很薄，对材质的要求特别高，烫花、镶金等工艺复杂，才能设计出独一无二的套娃。套娃寓意好，你中有我、我中有你、多子多福、多子多孙。

四、宗教与建筑艺术

俄罗斯是一个多元化的宗教国家，宗教文化盛行且流传已久，主要流行的是多神教和东正教。东正教是俄罗斯大部分居民信奉的宗教，在俄罗斯政治、经济、文化的发展中有着深远的影响，对社会生产生活和人民的影响都非常深刻。俄罗斯教堂修建得高大、宏伟且独具特色，融合现代元素，以大理石为主修葺围墙，巍峨气派、金光闪闪、光彩夺目。众多教堂都经过修复愈加大气，融合现代元素与设计理念，体现国家化与现代化的碰撞，极具视觉冲击力，吸引力十足。宗教不仅是一种信仰，更是一种文化，特别是融合当地的民族文化后，使得老百姓有信仰支持，创造的民族文化更加浑厚浓重，经久流传。

10世纪之前俄罗斯信奉的宗教是多神教，到了988年才将基督教定为国教，在长期的发展历程中多教并存，相互交融。对俄罗斯文化影响最大、最深远的是东正教，其思想和文化都渗透到人民的日常生活中，成为传统思想的源泉。在俄罗斯有很多风格迥异的教堂建筑，汇集了各类艺术瑰宝，包括宗教题材的画像、壁画、雕塑等。除了东正教，俄罗斯各民族信仰的还有佛教、犹太教、萨满教、伊斯兰教等。

第五章

中蒙俄"万里茶道"旅游合作概述

第一节 中蒙俄旅游业发展概况

一、中国旅游业发展概况

（一）旅游业发展总体情况

旅游产业是涵盖满足游客餐饮、住宿、交通、游览、购物及娱乐等多元化需求的一系列经济活动的集合，如宾馆住宿、旅行规划机构、风景名胜区和零售商铺等。作为服务业的重要分支，旅游业亦被誉为"曙光行业"与"绿色产业"。自党的十一届三中全会以来，我国旅游产业犹如一颗新星冉冉升起，历经由小及大、由微至盛的蜕变历程。改革开放以来，我国不仅逐步跻身全球旅游输出国的领先行列，也成为极具魅力的旅游胜地。随着民众消费热潮的兴起，我国步入了国际旅游与国内旅游并肩推进的全新阶段，旅游业已跃升为国民经济的坚强支柱。现今，中国傲立于世界之巅，不仅是全球最大的国内旅游市场，更是国际旅游消费的第一大国，同时跻身全球四大旅游目的地之列。我国凭借着丰富的旅游资源与多样的旅游类型，加之辽阔的地域、丰富的物产以及众多的少数民族文化，共同编织出一幅极具魅力的旅游画卷。

2015—2019年中国国内旅游人次呈逐年增长趋势，数据显示，2019年我国国内旅游人数为60.01亿人次，同比增长8.34%（见图5-1）。

图 5-1 2015—2019 年中国国内旅游人次及增长情况

据文化和旅游部数据显示，2010—2019年，中国旅游总收入稳步增长，2019年我国旅游总收入达6.63万亿元，同比增长11.06%，创历史高峰（见图5-2）。

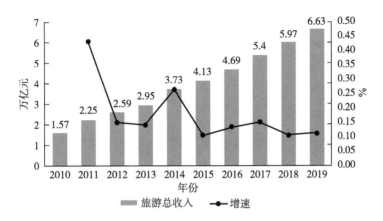

图5-2　2010—2019年中国旅游总收入及增长情况

数据显示，2019年入境旅游人数为1.45亿人次，同比增长3.57%（见图5-3）。其中，外国人3 188万人次，香港同胞8 050万人次，澳门同胞2 679万人次，台湾同胞613万人次。

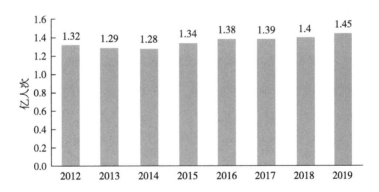

图5-3　2012—2019年入境游客人数变化趋势图

2019年国际旅游收入为1 313亿美元，同比增长3.39%（见图5-4）。其中，外国人在华消费771亿美元，香港同胞在内地消费285亿美元，澳门同胞在内地花费95亿美元，台湾同胞在大陆消费162亿美元。

数据显示，2012—2019年我国出境游客人数呈波动增长趋势，2019年中国公民出境旅游人数达1.55亿人次，同比增长4.73%（见图5-5）。

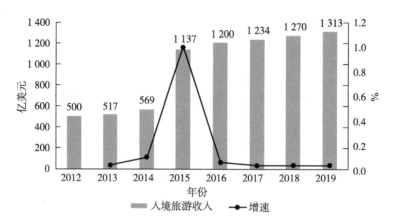

图 5-4 2012—2019 年入境旅游收入及增长情况

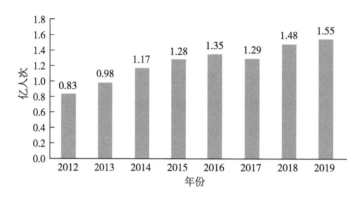

图 5-5 2012—2019 年出境游客人数变化趋势图

近年来，随着我国旅游业的稳步增长，旅行社数量也呈现出逐年增长的趋势。数据显示，2019 年旅行社数量达 38 943 家，同比增长 17.01%（见图 5-6）。

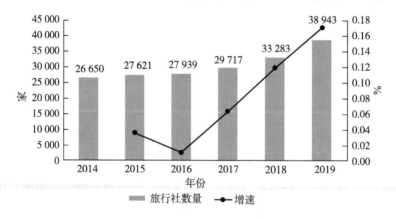

图 5-6 2014—2019 年全国旅行社数量及增长情况

由图5-7可知,2019年在旅行社国内旅游组织人次方面,排名前十的地区依次是广东、江苏、浙江、重庆、山东、福建、上海、湖北、湖南和辽宁。具体来看,广东的国内旅游组织人数达2 211.83万人次,江苏为2 178.16万人次(见图5-7)。

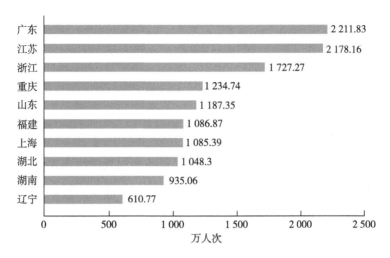

图5-7 2019年国内旅游组织人数排名前十的地区

遵循旅游消费演进的轨迹,旅游消费势必将踏上一段升级换代的旅程,依次跨越观光旅行、休闲漫游至度假享受三大阶段。旅游发展阶段及消费特征概述见表5-1。

表5-1 旅游发展阶段与消费特征

人均GDP	发展阶段	旅游消费特征	旅游产品
1 000～2 000美元	观光游	停留时间短;人均消费低	景区观光游
2 001～3 000美元	休闲游	停留时间在1～2周;人均消费较高	商务会议游、奖励旅游、温泉旅游
3 000美元以上	度假游	停留时间在1个月左右;人均消费水平高	分时度假类、旅游地产

从旅游消费变迁的视角看,2008年,我国人均国内生产总值跃升至3 266.80美元的新高度,标志着我国旅游业自2008年起正式迈入度假享受的新纪元(见图5-8)。这一时期的显著标志包括家庭度假市场的蓬勃兴起、大型休闲度假胜地的层出不穷,以及自驾出游风尚的蔚然成风。

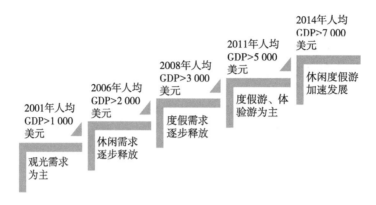

图5-8 中国人均 GDP 增长推动观光游向休闲、度假游发展

当前，我国入境旅游市场正遭遇由全球经济态势引发的诸多挑战，然而，我国旅游业的蓬勃景象依旧保持强劲势头，机遇与挑战如影随形，标志着旅游业正步入其发展的黄金时代。首先，我国旅游业正迎来一系列绝佳的发展契机。经济的持续稳健增长推动了民众步入小康生活的步伐，城乡居民的收入水平稳步提升，消费结构实现了快速转型，随着带薪休假政策的深入实施，民众的旅游需求不断攀升，旅游消费潜能迅速释放，为旅游业的迅猛前行奠定了坚实基础。其次，各级政府对旅游业的重视程度与日俱增，为旅游业的发展环境带来了显著的优化效应。再次，国家持续深化供给侧改革，使得旅游产业的结构不断优化与升级，发展模式也由传统的景点旅游逐步迈向全域旅游的新阶段，实现了旅游业的华丽转身。同时，我国旅游交通基础设施建设的步伐也在不断加速，高速公路网、高速铁路网、航空枢纽、车站及码头等现代交通体系日臻完善，酒店及旅游景点的接待能力和服务品质也在不断升级，旅游供给能力显著增强，直接促进了旅游消费的蓬勃增长。最后，随着我国城市化步伐的迅猛推进和社会保障体系的日益健全，民众的钱袋子日渐鼓胀，对旅游的消费能力和意愿持续攀升，消费模式也在悄然转变，旅游已然演变为人们休闲娱乐的首选途径，标志着全民旅游的新纪元已经开启。作为历史悠久的文明古国，我国的经济实力不断增强，国际旅游魅力四射，吸引着越来越多的国际游客，客源市场版图不断扩大，入境旅游的发展前景极为广阔。

（二）疫情后期旅游业发展概况

在疫情后期，国内旅游业逐步迈向复苏之路。无论是国内游还是国际游，正逐步走出发展低谷，往日的蓬勃生机得以重现，行业蒸蒸日上的态势越发显著。数据显示，2021年中国国内旅游收入实现了大幅增长，达2.9万亿元，相较于上一年增加了0.7万亿元，同比增长率为31.82%（见图5-9）。

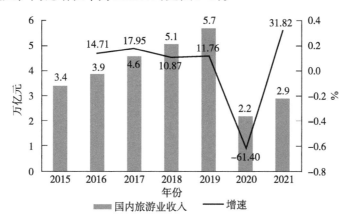

图5-9 2015—2021年中国国内旅游业收入及增速

尽管受疫情的困扰，但我国旅游行业表现出了顽强坚韧。2021年12月，在线旅游平台每月的活动用户已实现跨越1.2亿的数据成绩，携程旅行月活用户达7170万，是平台数据的支柱力量，位居众多软件用户程序第一；屈居第二的是铁路12306，月活用户为5738万；第三是拥有月活用户为5490万的同程旅行（见图5-10）。

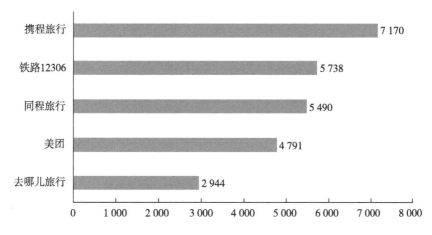

图5-10 2021年中国主要在线旅游平台月活用户排名

受用户红利期终结以及疫情冲击，2021年12月，我国用户在线旅游App的下载安装量为1372万，与上一年同期相比减少了31万，同比降幅达2.2%（见图5-11）。

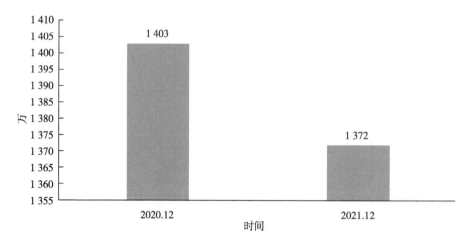

图 5-11　中国用户在线旅游 App 下载安装量

虽然面临诸多挑战，但在全球旅游行业复苏进程中，资本对优质旅游资产的争夺不断加剧。2021年，全球旅游业融资金额攀升至442亿美元，相较于上一年增加了211亿美元，实现同比增长91.3%（见图5-12）。

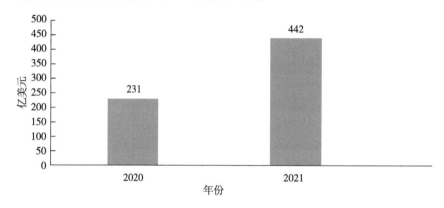

图 5-12　2020—2021 年全球旅游业融资金额

在当下的时代浪潮中，我国旅游行业经历着一场深刻的变革，竞争要素正处在大规模的解构与重构进程之中，在此社会环境下，在线旅游市场竞争活力宛如被重新点燃。2021年，中国在线旅游成绩斐然，交易额高达1.47万亿元，与上一年相比，增长幅度颇为可观，增加了0.38万亿元，实现同比增长34.9%（见图5-13），同时，旅游预订线上化率也呈现出持续上扬的良好趋势。

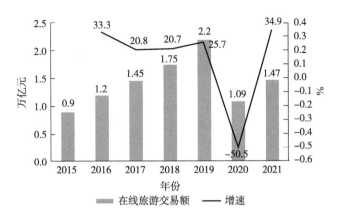

图 5-13　2015—2021 年中国在线旅游交易额及增速

2021年的中国在线旅游（OTA）市场，可谓竞争态势极其激烈。其中，携程旅行凭借 36.3% 的市场份额，稳坐行业头把交椅，展现出其在市场中的强大统治力；美团旅行以 20.6% 的市场份额紧随其后，位列第二，彰显出不容小觑的实力；同程旅行则以 14.8% 的市场份额位居第三，同样在市场中占据重要地位；去哪儿旅行和飞猪旅行分别以 13.9% 与 7.3% 的市场份额，依次位列第四和第五，共同构成了这一竞争激烈的市场格局（见图5-14）。

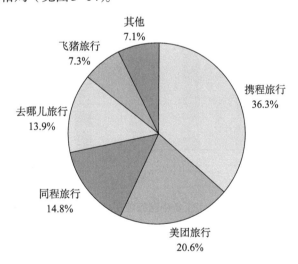

图 5-14　2021 年中国在线旅游（OTA）市场份额

2021年，全球三大在线旅游平台营收增长强劲，作为全球三大在线旅游平台的缤客（Booking）、亿客行（Expedia）及爱彼迎（Airbnb）都实现了营业收入的强劲创收，同比增幅均赶超了60%，分别以693.5亿元、544.2亿元、379.2亿元的客观数据实现高收入（见图5-15）。

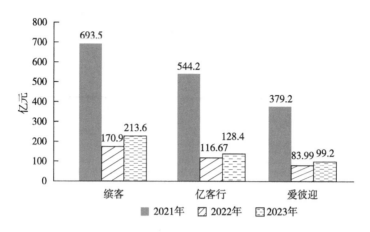

图 5-15   2021—2023 年全球三大在线旅游平台营业收入

伴随经济形势的逐步回暖，我国旅游用户的消费能力呈现出稳健的恢复性增长态势。2021 年，我国旅游用户在出游方面的消费表现颇为亮眼，用户次均出游消费金额攀升至 900 元。相较于上一年，这一数字显著增加了 125 元，实现了同比16.1% 的增长幅度（见图 5-16）。

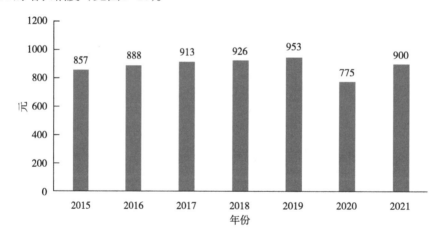

图 5-16   2015—2021 年中国旅游用户次均出游消费金额

在全球旅游市场的大格局下，中国旅游业尤为引人注目，随着各项政策的动态调整，跨境游政策有望逐步放宽。这一趋势预示着中国旅游业将在机遇与挑战交织的环境中砥砺前行。从全球旅游人数的变化趋势来看，2021 年全球旅游人数达 66 亿人，与上一年相比，新增人数高达 23.8 亿人，实现了同比 56.4% 的强劲增长。

二、蒙古国旅游业发展概况

蒙古国旅游市场的特色在于国内旅游占比不高，国际旅游则占据主导地位。在这片广袤的土地上,活跃着600多家旅游企业,其中不乏外资独资及中蒙合资的企业。星级酒店有68家,旅游接待点有200多处,它们大多集中于首都乌兰巴托,而其他城市则相对稀疏。近年来,蒙古国的经济稳步提升,国内旅游的热度也随之上升。到2019年,蒙古国迎来了62.5万人次的国内外游客,这一数字较上一年增长了9.3%;其中,入境游客数量为57.7万人次,同比增长8.31%。前往蒙古国游览的旅客以东亚诸国为主,其中中国旅客人数高达16.8万人次,占据了旅客总数的29.15%;俄罗斯旅客达14.2万人次,占比24.58%。长久以来,中国与俄罗斯始终是蒙古国旅游市场的两大客源支柱,这得益于它们与蒙古国地理位置的毗邻、交通网络的便捷以及经济文化的深度融合等因素。此外,诸如韩国、美国、哈萨克斯坦、日本、法国及德国等国家的游客群体,在蒙古国旅游市场中同样占有不可忽视的份额。2010—2019年,蒙古国入境游市场中,中国旅客始终独占鳌头,俄罗斯紧随其后,韩国则稳坐第三把交椅,其人数还在不断攀升。与此同时,日本与哈萨克斯坦的访客数量亦在逐年稳步增长。而美国、意大利、德国及澳大利亚等国的游客数量,则呈现出较为平稳且小幅上扬的趋势。

值得注意的是,蒙古国入境游客数量在2013—2016年经历了大幅下滑,但自2017年起开始缓慢回暖。从地域分布来看,东亚及太平洋地区的游客数量最为庞大,占比高达61.9%;欧洲游客紧随其后,占比32.6%;美洲游客占比4.3%,而中东、南亚及非洲地区的游客数量则最为稀少,不足1%。蒙古国2019年的入境游客构成,公务旅行者仅占2.5%,而私人旅行者则高达70.5%。故而,蒙古国政府正竭力促进第三产业繁荣,加速旅游业的革新升级,并出台了一系列扶持措施,旨在迎合游客日益多元化的需求,促成旅游业未来的广阔前景。

(一)旅游基础设施及接待服务设施现状

1.交通基础设施

(1)航空交通

蒙古国的门户——首都机场,冠以成吉思汗之名,坐落于乌兰巴托。乌兰巴托与北京、呼和浩特、东京、首尔、柏林、莫斯科等众多城市均设有直航线路,交通便利(见表5-2)。国际航空领域,MIAT蒙古航空、Aeroflot俄罗斯航空、大韩航空以及中国国际航空等公司扮演着重要角色。航空运输作为蒙古国与其他国家经贸往来的主要纽带,其影响力不容小觑。据统计,2018年蒙古国依靠航空渠道实现的国际出口贸易额高达2.03亿美元,占比高达57.3%;而在进口贸易方面,航空运输占据16.8%的份额，总额达1.54亿美元。2019年，蒙古国民航部门共承载了162.157万人次的旅客量，其中，国际旅客达到了16.73万人次，呈现出显著的增长态势。

表5-2 2019年蒙古国定期国际客运航线旅客运输量

序号	通航点	国家	旅客运输量（人次）
1	北京	中国	214 567
2	香港		88 846
3	二连浩特		50 608
4	呼和浩特		15 913
5	广州		13 686
6	海拉尔		11 127
7	满洲里		5 941
8	天津		1 207
9	首尔	韩国	387 740
10	釜山		64 498
11	莫斯科	俄罗斯	94 890
12	伊尔库茨克		14 293
13	乌兰乌德		7 717
15	柏林	德国	17 072
16	法兰克福		10 604
14	莫斯科—柏林	俄罗斯、德国	11 820
17	东京	日本	79 118
18	大阪		3 608
19	伊斯坦布尔	土耳其	36 881
20	曼谷	泰国	10 547
21	努尔苏丹	哈萨克斯坦	10 491
22	比什凯克	吉尔吉斯斯坦	4 506
总计			1 155 680

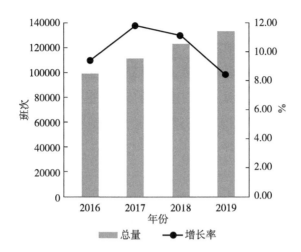

图 5-17　2016—2019 年飞越蒙古国国际航班数量

表 5-3　2010—2019 年蒙古国入境旅游人数

单位：人

国家	2010 年	2011 年	2012 年	2013 年	2014 年	2015 年	2016 年	2017 年	2018 年	2019 年
中国	290 092	357 904	361 506	261 468	258 414	215 500	185 824	201 912	216 379	208 449
俄罗斯	125 543	104 916	86 584	76 748	75 489	73 489	87 655	110 353	133 402	146 783
日本	14 279	15 336	17 642	18 751	18 893	19 837	20 568	23 093	21 621	25 163
韩国	42 551	44 810	45 489	46 498	47 084	48 979	59 514	76 637	86 013	103 379
德国	8 220	8 750	9 150	9 703	9 720	9 114	9 879	10 777	11 015	12 654
哈萨克斯坦	5 792	8 140	10 697	11 574	13 728	14 747	13 606	14 553	16 381	16 530
意大利	2 819	2 776	2 811	2 733	2 548	2 915	3 073	3 038	3 248	3 708
加拿大	2 887	3 711	3 714	3 342	2 538	2 771	3 564	4 204	4 481	4 501
澳大利亚	1 122	1 073	1 195	1 277	1 220	1 155	1 353	1 591	1 367	1 554
美国	75	83	74	81	92	75	85	75	77	63
巴西	227	613	610	472	518	620	489	745	792	900

数据来源：《蒙古国统计年鉴（2010—2019）》。

（2）铁路交通

自 19 世纪世界上第一条铁路在英国开启后，世界各地的铁路运输开始不断发展，之后又出现了高铁，给人们的出行带来了极大的便利。但是，蒙古国的铁路基础设施建设依然比较落后，铁路里程比较短，火车行驶速度较慢。蒙古国的铁路主要以货运为主，为国内主要城市、边境口岸运输货物，客运以公路为主。蒙古国的铁路长达 1 800 千米，与中国和俄罗斯相连，但车次少，经常一票难求。

（3）公路交通

蒙古国在这片广袤的土地之下，蕴藏着极为丰富的矿产资源。煤炭、铜、金矿等矿产储量均在世界范围内名列前茅，彰显着其在全球矿产领域的重要地位。采矿企业众多，为了运输矿产资源，专门建设的公路总里程达11.9万千米，硬面公路大约3 000千米，其余都是土路和砂石路。随着蒙古国经济的发展，公路建设质量和里程数均不断增加。

（4）交通工具

在交通出行方面，蒙古国的交通工具主要有私家车、的士以及公共交通等类型。值得注意的是，公共交通公司仅有4家且运营时间不固定，通常等车辆满载乘客后才发车，并且中途行驶停留时间较长。以首都乌兰巴托为例，拥有143条客运路线，其中66条为客车和无轨电车。随着蒙古国经济的逐步发展，投资领域出现了显著变化，越来越多的投资者将目光转向客运服务发展，促使大容量公交、无轨电车的数量和路线明显提升。但出现鲜明对比的是城市道路交通拥堵现象严重，主要原因在于严重的质量问题。据资料表明，乌兰巴托公共交通线路在设计时，大多需要经过市中心区域，如此一来，众多主要街道上的公共交通车辆和电车数量急剧增长，交通拥堵问题越发严重，给市民的日常出行带来诸多不便并给城市的市容带来负面影响。

2. 购物设施

蒙古国最早的百货商场是蒙古国国营百货，始于1926年，位于乌兰巴托的市中心。商场里的商品琳琅满目，包括各大品牌、日用品、土特产、蒙古服饰、工艺品、奶制品、乐器、马头琴等。旅游者可以买到自己心仪的礼品，物美价廉。那仁图拉国际购物中心是乌兰巴托市西部最大的商业区，主要销售的是折扣商品，但品牌较少。纳兰托尔市场是蒙古国最大的露天平民市场，商品物美价廉，能够满足老百姓的日常生活需求。

3. 住宿接待设施

在蒙古国，旅游经营实体数量颇为可观，有600余家企业从事旅游业务。其中，外资及合资企业仅占少数。国内旅游接待站约180家，其他类型接待站共计84家。此外，蒙古国境内星级酒店约68家，知名旅游景点超80处。众多国际知名大酒店纷纷入驻蒙古国，为该国旅游业发展注入强劲动力。在草原旅游区域，蒙古包作为特色住宿接待方式，极具吸引力，为游客带来独特的体验感。然而，与酒店相比，蒙古包住宿条件相对简陋，难以全方位满足游客多样化需求。

4.饮食接待设施

在饮食接待设施方面，蒙古国呈现出丰富多元的景象。该国拥有众多外国餐厅，涵盖中国、印度、日本、意大利、法国、俄罗斯、南美洲等国家和地区的风味，规模不等，总数280余家。同时，蒙古风味餐厅与西餐厅也不在少数。尤其是颇具特色的蒙古餐厅，洋溢着浓郁的蒙古国风情，环境优雅，服务热忱周到。其提供的菜品既有蒙古国传统美食，亦不乏西餐经典，如牛排、寿司、沙拉等。

例如，西格隆塔那斯里兰卡风味自助餐厅，专注于供应地道的斯里兰卡美食，以一流的环境与服务，成为家庭晚餐、聚会等场合的理想之选。而爱尔兰大酒馆餐厅则以各类肉食为特色，将牛羊肉与各式美酒巧妙搭配，再佐以现场乐队精彩表演，深受外籍游客青睐。

5.娱乐设施

蒙古国的娱乐场所众多，里面有丰富多彩的民族表演，乐器演奏、跳舞、唱歌等，主要节日有春节、骆驼节、冰雪节、那达慕、骑马节、毛毯节等，比较隆重的节日有以下几种。

春节，蒙古语叫作白月节，约在2月。春节期间人民都会穿新衣，准备各种美食，除夕夜灯火通明，进行祭祖、供奉牛羊肉、焚香、敬酒等流程，然后才可以全家共进晚餐。餐后全家进行娱乐活动，比如打牌、下棋、唱歌等。节日期间，晚辈对长辈行拜年之礼，走亲访友，非常热闹，春节期间放假2～5天，是比较隆重的节日。

在蒙古国众多节日中，那达慕无疑是最为声名远扬的。它通常于夏日举行，宛如一场盛大的文化庆典，将蒙古族丰富多元的民俗文化、绚丽多彩的传统服装以及令人垂涎的特色美食等元素巧妙地融合在一起。届时，人们纷纷会聚于此，共同沉浸在蒙古族传统节日的浓郁氛围中，亲身感受独特的生活方式。那达慕的比赛活动精彩纷呈，其中骑马、摔跤和射箭尤为瞩目，它们被誉为"男儿三艺"，充分展现了蒙古族的勇敢与力量。在为期一周的活动期间，游客们仿佛置身于一个民族文化的盛宴之中，既能品尝到琳琅满目的民族特色美食，又能身着绚丽的特色民族服装，与当地民众一同载歌载舞，尽情享受欢乐时光。那达慕因其深厚的文化底蕴和独特的魅力，被联合国教科文组织列入非物质文化遗产名录，成为一场意义非凡的盛会。除那达慕外，骆驼节也是蒙古国颇为重要的节日，于每年3月5日至8日举行。届时，来自全国各地的 1 000 多头独具特色的骆驼齐聚一堂，为观众带来一场场精彩绝伦的表演。活动内容丰富多样，涵盖了骆驼马球（camel polo）、骆驼夫妻选择比赛、骆驼列队行进、充满趣味的民族游戏、激动人心的骆驼比赛，以及手画比赛、服装比赛等诸多项目。游客们更有机会亲自骑上骆驼，切身体验游牧民族的独特风情。

在蒙古国，传统服装"deel"承载着深厚的文化内涵。每年7月，蒙古国都会举办盛大的民族服装节，旨在全方位展示独具特色的民族服饰。五彩斑斓、款式各异的服装与精美的首饰争奇斗艳，吸引着来自全国各地的游客纷至沓来。随着民族服装节的影响力不断扩大，其规模也日益壮大。如今，游客们不仅能够选购心仪的服饰，还能身着各民族特色服装参与表演活动，通过亲身参与，深刻领略民族文化的魅力，乐在其中。

6.旅游公共服务设施

（1）游客中心

蒙古国旅游业的服务水平不发达，与世界标准相差较远。蒙古国的游客中心较小，提供的旅游服务较为单一，很多游客了解蒙古国旅游情况都是通过外国的旅行社和旅游公司提供的信息，蒙古国提供的旅游咨询非常有限。例如，旅游医疗中介与保险公司之间的合作深度不足，致使游客在旅行过程中医疗需求难以得到全方位满足。具体表现为，医疗配备人员数量有限，医疗应急条件与环境艰苦、专业医疗工作人员稀缺。

（2）公共卫生

蒙古国在公共卫生领域也存在诸多需要改进的地方，如垃圾处理设施、垃圾桶、厕所、保洁等相关设施有待完善。目前，整个蒙古国仅有一处垃圾处理场，然而在公园、机场、火车站、景区里的垃圾桶却严重缺乏，这种现状导致蒙古国的公共卫生情况不容乐观，完善公共卫生设施成为当务之急。

（3）标识系统

蒙古国的标识系统、地图绘制以及指示性服务水平较低，这一状况给旅游业及相关领域带来了较为严重的负面影响。在众多城市中，标识大多仅以蒙语标注，仅有少量使用英语标注，部分地区甚至缺乏必要的交通标识与安全警示牌。这无疑给外国游客以及不熟悉当地语言的人群造成了极大的不便，不利于旅游业的国际化发展。

7.旅客安全

当前，蒙古国在保障旅客安全方面，体系尚不完善。为尽可能确保旅客的人身安全，乌兰巴托市警察局与其他地区的警察局携手合作，共同成立了专门负责旅客安全事务的部门。然而，尽管已采取这一举措，但在实际执行与保障能力方面，仍有进一步提升的空间。

（二）蒙古国旅游发展特点

第一，自然资源丰富。蒙古国由于特殊的地理位置，自然景观差异性明显，加之气候多变，自然景观异彩纷呈。蒙古国被外国游客称为"蓝天之国"，一年有2/3都是晴空万里的好天气。

第二，旅游业季节性明显。由于受气候条件的影响，一年只有3～4个月适合发展旅游业，其他时间游客特别少。蒙古国适宜旅游的季节是5～7月，其间有著名的那达慕大会。蒙古国是典型的大陆性气候，早晚凉、温差大，冬季最低温可达–40℃，夏季最高温可达35℃。春季到来的时间相对较晚，从5月开始逐渐转暖，夏季干热且紫外线强，秋季凉爽干燥，冬季天寒地冻，几乎每天都在飘雪。

第三，独特的民风民俗。蒙古国一直盛行游牧文化，广袤的国土生活着众多的少数民族，他们一直保持着传统的生活习俗，游牧生活具有神秘性和吸引力，无数国外游客纷纷向往并体验当地的传统文化，形成文化交融的良好局面。

第四，那达慕等传统节日吸引力较强。蒙古国是一个集15个少数民族为一体的多民族国家，各民族相互学习、相互交融、共同进步。蒙古族独特的民族风情与民俗文化使得那达慕等民俗节庆活动异常精彩，满足了游客们的新鲜感与刺激感。尤其在那达慕这样的盛会举办期间，国外游客激增，为蒙古国带来可观的旅游收入。

三、俄罗斯旅游业发展概况

俄罗斯旅游业近年来发展迅速，成为最有潜力的新兴产业。其如火如荼的增长势头不仅带来了可观的经济前景，更跃升为俄罗斯发展最快的产业之一，带动了越来越多的人实现就业。

俄罗斯旅游业的兴起之势逐年增强，国内游客数量急剧增长，旅游总收入持续上扬。受国内收入及消费层次的驱动，近年来俄罗斯民众更倾向于在国内风景名胜地享受假期，其人数远超出境旅游者数倍。国内旅游发展较为突出的景点颇为集中，诸如里海、亚速海及黑海等旅游区域大受欢迎，成为热门的旅游目的地。此外，加里宁格勒与克拉斯诺达尔边疆区也新晋为热门旅游地，旅游业的发展速度十分迅猛。俄罗斯凭借其绝美的自然景观与多元化的旅游产品，将得天独厚的资源优势展现得淋漓尽致。例如，宁斯克地区的边境探索之旅，列宁格勒州与普斯科夫州的特色风情游，还有其他各地纷繁多样的旅游亮点与独特韵味。俄罗斯民众偏爱短途周边游，对海滨城市的度假尤为热衷。俄罗斯凭借悠久的历史背景、深厚的文化底蕴、旖旎的自然风光以及独一无二的冰雪资源，成为海外游客心驰神往的旅游胜地。旅游业不仅为俄罗斯经济带来了转机，还为人民就业筑起了坚实的防线，对国民经济的平稳前行起到了不可或缺的支撑效用。

（一）旅游业发展基础

1. 自然资源和自然环境

（1）面积

俄罗斯幅员辽阔，其国土横跨欧洲东部与亚洲北部。在这片广袤的土地上，多样的地质条件造就了其丰富的自然景观与独特气候。俄罗斯是世界上面积最大的国家，横跨11个时区，国土面积主要由平原构成，南部是草原，北部是森林，北部沿海地区是苔原。俄罗斯的耕地面积大约占世界的10%，海岸线较长，约37 000千米。同时拥有世界上最大的地表水资源，主要由数千条河流和内陆水域提供。湖泊面积位居世界前列，占世界液体淡水的1/4。贝加尔湖，无疑是俄罗斯一颗璀璨的明珠。它不仅是俄罗斯境内面积最大且声名远扬的淡水湖，更在世界湖泊之林中占据着独特地位。贝加尔湖以其极致的纯净度、广阔的水域面积、令人惊叹的深度以及古老的地质历史，成为世界上最为独特的淡水湖之一（见表5-4）。

（2）气候

俄罗斯是以温带大陆性气候为主，苔原和西南部气候稍有不同。大部分北欧俄罗斯和西伯利亚属于亚北极气候，其他地方到了冬季相对比较温和。俄罗斯的气候类型丰富多样，沿着北冰洋海岸以及北极诸岛屿所在区域，极地气候占据主导。这片区域终年寒冷，冰原广袤，展现出大自然冷峻而壮丽的一面。而在南部，黑海沿岸的克拉斯诺达尔边疆区，尤其是索契一带，呈现出截然不同的气候特征。这里拥有湿润的亚热带气候，冬季温和且降水充沛，与北部的严寒形成鲜明的对比，为俄罗斯增添了一份温润宜人的景致。

（3）生物

俄罗斯的生物种类丰富多彩，在东欧广袤平原之上，针叶林郁郁葱葱，混合阔叶林错落有致,苔原则如绿毯铺展,植被景观多姿多样,各具特色。俄罗斯坐拥全球最大的森林保护区,被誉为"欧洲呼吸之源",其在吸收二氧化碳方面的贡献仅次于亚马孙雨林,位居世界前列。在这片土地上,哺乳动物多达266种,鸟类种类更是不胜枚举,达780种。此外,超过400种珍稀动物被列入俄罗斯联邦红色名录,得到了应有的保护。俄罗斯拥有28处联合国教科文组织认定的世界遗产,40余个生物圈保护区由联合国教科文组织授牌,41个国家公园与101个自然保护区星罗棋布,共同守护着这片自然的瑰宝。

（4）经济发展状况

2016年俄罗斯国家预算收入为1 865亿美元,支出为2 366亿美元,预算赤字为GDP的4%。受战争以及经济金融制裁等影响,俄罗斯经济再度萎靡（见图5-18）。俄罗斯实际GDP增速自2016年底以来持续维持正增长,2016—2019年平均增速2.0%。在2022年3月之前,俄罗斯实际GDP增速也能保持正增长,即使剔除基数影响也是如此。但随着乌克兰危机的产生,俄罗斯实际GDP增速自2022年3月开始大幅下滑,4月便落入负区间。截至2022年11月,已经连续8个月位于负区间,即使剔除基数影响也是如此。上一次俄罗斯实际GDP增速持续负增长,还要追溯到2014—2016年期间（不考虑疫情期间）,当时也与欧美经济金融制裁有关,主要原因是2014年3月俄罗斯上议院正式通过了克里米亚入俄条约。

表5-4 俄罗斯旅游资源类别

吸引物的种类	名字	地方	特点
自然景观	1.贝加尔湖 2.高加索山 3.阿尔泰山 4.堪察加火山群 5.勒拿河柱状岩自然公园	1.伊尔库茨克州 2.高加索 3.阿尔泰 4.堪察加半岛 5.雅库特	1.是世界上年代最久和最深的湖泊 2.是欧洲第一高峰 3.丰富的环境 4.是火山密度高,喷发形式多样,而且这里的地貌十分复杂,有曲折的洞穴、重叠的地层和间歇泉、温泉、喷泉等 5.绵延40多千米的范围内垂直细长的岩层
人文景观	1.(莫斯科)红场 2.艾尔米塔什博物馆 3.特列季亚科夫画廊 4.滴血大教堂 5.圣以撒主教座堂	1.莫斯科 2.圣彼得堡 3.莫斯科 4.圣彼得堡 5.圣彼得堡	1.最古老的广场,是重大历史事件的见证场所,也是俄罗斯重要节日举行群众集会、大型庆典和阅兵活动的地方,著名旅游景点,是世界上著名的广场之一 2.艾尔米塔什博物馆是世界四大博物馆之一 3.著名的艺术博物馆 4.是圣彼得堡为数不多的传统式东正教堂,并作为圣彼得堡的一个主要旅游景点 5.是欧洲最大的主教座堂

续　表

吸引物的种类	名字	地方	特点
其他	1.圣彼得堡地铁 2.白夜 3.拉开的桥 4.五九 5.各民族的节日	1.圣彼得堡 2.俄罗斯的北部 3.圣彼得堡 4.莫斯科 5.俄罗斯	1.最深的地铁 2.因为俄罗斯的大部分位置很靠北,所以北部的城市夏天有白夜 3.圣彼得堡有300多座桥,夏天的时候有的桥可以开合 4.这个节日是一个重要的历史纪念日,每年在莫斯科举行阅兵式 5.俄罗斯约有180个民族,它们都有不同的语言、习俗和节日

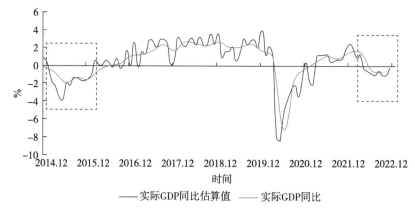

图 5-18　俄罗斯经济再度萎缩

资料来源：Wind、CEIC、海通证券研究所，2021年之后数据为年化平均增速。

（5）社会状况

2018年，俄罗斯的人口数量大约为1.46亿人，使之成为欧洲人口之冠，在全球人口中位列第九。其人口分布颇为不均，地域辽阔但人口稀疏，其中高达78%的民众选择在俄罗斯的欧洲区域定居。在这片土地上，方言种类繁多，总计超过百种，它们分别隶属印欧语系、阿尔泰语系、乌拉尔语系，以及高加索语系和古亚语系等多个语言家族。最为通行的语言包括俄语、鞑靼语、车臣语、巴什基尔语、乌克兰语和楚瓦什语等。俄罗斯独特的地理位置与文化交融的特性，充分展现了其民族文化的多元性以及跨文化交流的鲜明特点。俄罗斯的文化遗产丰富多样，构成了世界文化宝库中不可或缺的一环。这些绚烂多彩的文化瑰宝根植于多元异教的土壤，同时也深受蒙古、塔塔尔以及西欧等诸多国家文化的熏陶。各式各样的民族艺术，皆能在其文化遗产中寻得踪迹。俄罗斯的文艺创作表现手法纷呈，既有通俗易懂之作，也不乏高雅精致及神秘莫测的风格，深受海外游客的青睐。

（6）旅游基础设施

谈及旅游基础设施，它是指为满足游客在旅途中的各种需求而构建的一系列物质设施的集合，堪称旅游业稳健发展的坚实基石。涵盖酒店住宿、旅行社服务、旅游交通网络、娱乐文化设施、体育休闲场所及疗养机构等方面。

旅游酒店。酒店作为当地旅游产业形象的代表之一，以满足外来游客体验感的舒适度和提供高质量的服务水平为重中之重，这些关键要素会直接影响外来住客对本地旅游形象的认知水平。图5-19展示了酒店住宿数量伴随旅游行业的发展而迅猛增多。

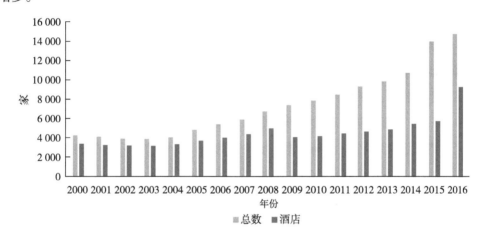

图 5-19　酒店数量与所有住宿设施总数的比率

据统计，在俄罗斯国际品牌酒店和其他类型酒店中，超过50%的国际品牌酒店都在莫斯科和圣彼得堡。游客在这两个城市能住品质更好的国际酒店。

餐馆。俄罗斯的餐饮业发展历史较短，发展20多年来，餐饮业成为俄罗斯最快速回本的项目，且与酿酒、食品等行业关系密切。俄罗斯餐饮业由于投资过快、经营不当，80%以上的餐馆在开业一年内纷纷倒闭，使得餐饮行业面临巨大挑战。旅游基础设施发展水平低下，成为直接影响国内旅游和入境旅游发展的因素之一，只有加速餐饮行业可持续发展，形成较强的竞争力，才能保证国内国际旅游业良性循环发展。

交通设施。旅游业的发展离不开交通设施的有效支撑，交通运输的可达性直接影响着旅游业的发展质量。

①汽车。汽车作为最常用的交通工具，其最大的优势是方便、快捷。近距离的旅行活动游客更喜欢采用汽车作为交通工具。接壤国家之间的入境旅游通常采用

汽车的运输方式，从芬兰、乌克兰、爱沙尼亚、拉脱维亚、立陶宛、白俄罗斯、波兰、格鲁吉亚、阿塞拜疆、哈萨克斯坦、蒙古国和中国进入俄罗斯境内均可通过汽车来实现。但是，由于俄罗斯很多城市道路建设不完善、基础条件差、道路维修不及时、缺乏相关交通维修人员等，导致俄罗斯汽车运输的普及性受到一定影响。因此，俄罗斯应加强对道路交通运输的建设，提高公路网络的容量、质量，促进旅游业的可进入性。

②旅游巴士。俄罗斯的巴士更多的是出境旅游，国内居民到其他国家购物。公共汽车旅游最大的障碍是公司没有自己的公共汽车基地，需要找到其他的公司来提高运输服务。但是，这些提高服务的公司并不能保证运输的质量和车辆卫生，因此，要想将公共汽车旅游作为入境旅游的交通工具，必须重点建设边境城市的基础设施，创造良好的旅游条件。

③空运。航空运输是最快捷、最安全的交通运输方式，在入境旅游发展中发挥着举足轻重的作用。俄罗斯有79个国际机场在运营，80%的航班都是抵达莫斯科机场。Aeroflot公司处于航空运输的领先地位。2017年和2018年，俄罗斯国际航空公司荣获世界旅游奖提名——欧洲领先航空品牌和"欧洲航空公司最佳商务舱"。此外，2019年初俄罗斯还首次获得"欧洲前往亚洲最佳航空公司"的提名。目前，俄罗斯航空在欧洲和亚洲之间发挥着纽带作用，大部分交通路线要通过莫斯科机场，极具重要性。但是如果想要去俄罗斯国内其他城市或者偏远地方就比较困难，为了改善这一问题，必须建设完善国际机场体系，增加俄罗斯与其他国家的航班航线，升级现有国际机场的基础设施，不断完善技术支撑，真正与世界有效接轨。

④铁路运输。俄罗斯的铁路网络是世界最长的，有17条铁路，基本都在该国的欧洲部分，西伯利亚和远东地区相对欠发达。同时，俄罗斯铁路存在很多问题，如车辆老化、服务水平低、餐车饭菜质量差、车站基础设施较差、工作人员服务质量差、高铁系统不发达等。这些因素极大地限制了俄罗斯旅游业的发展，游客流动性较差。

（二）入境旅游稳定发展

据世界旅游组织预测，俄罗斯旅游资源丰富，每年可接待4 000万游客，然而实际接待外国游客数量与其政治经济地位不符。俄罗斯拥有壮丽的历史人文景观和享誉全球的艺术与著名人物，如宏伟壮观的克里姆林宫、被视为文化珍宝的圣彼得堡、全球闻名的芭蕾舞，还有无数的著名艺术家和科学家。其自然风光优美，如贝加尔湖、西伯利亚平原，山水交融，展现了俄罗斯独特的民族和文化。

近年来，中俄两国在旅游业方面的交流与合作日益加深，俄罗斯成为中国第四大客源国。俄罗斯以其别具一格的自然风光与深厚的历史文化底蕴，对中国游客展现出独特的魅力，激发了中国民众赴俄旅游的浓厚兴趣。然而，俄罗斯在旅游接待服务上的表现尚待提升，亟须强化服务质量、优化服务手段、深化服务意识，以便为游客提供更加出色的旅行体验。

俄罗斯航天局正酝酿开放航天发射场给游客参观，此举意在拓宽旅游产品的范畴，预示着俄罗斯旅游业未来的发力点与趋势，将在旅游业的新篇章中占据举足轻重的地位。与此同时，俄罗斯推出了一系列旨在加速旅游业进步的政策举措，颁布了旅游发展规章及营销策略，致力于营造积极的旅游环境，进而提升其在国际旅游舞台上的形象。在俄罗斯的入境游市场中，韩国、中国和印度游客占据主导地位，旅游收入迅速攀升，展现出巨大的发展潜力。

第二节 中俄旅游合作现状

中俄两国源于地理位置的优势，决定了两国在政治、经济、旅游等方面有着很大的合作空间，边境旅游、双边旅游、跨境旅游等合作日趋成熟，积累了丰富的合作经验。中俄两国从国家层面都出台了相关政策来推动旅游经济的发展，促进两国旅游、贸易等不断深入交流合作。中国有五千年的文明历史，地大物博，山河壮美，吸引着外国游客尤其是俄罗斯游客络绎不绝前来观光游览，两国在国际旅游方面的合作日益加深。

一、中俄开展旅游合作的优势

（一）地理位置靠近

中国与俄罗斯在地理上享有得天独厚的邻接条件，两国边界绵延超过4 000千米，沿途散布着诸如绥芬河、牡丹江以及俄罗斯的符拉迪沃斯托克、哈巴罗夫斯克等众多关键城镇。这些边陲城市的民众频繁跨越国界，无论是旅游观光还是商贸往来，都显得极为活跃，他们是推动边境地带旅游业繁荣不可或缺的力量。在诸多省份中，黑龙江省因其紧邻俄罗斯的阿穆尔州及哈巴罗夫斯克边疆区等地，成为发展对俄旅游业的桥头堡。这里的边境线上布满了诸多关键的通关口岸与过境站点，其中，绥芬河口岸无疑是最为瞩目的门户。黑龙江省的哈尔滨与佳木斯等城市，均是旅游者心中的热门打卡地，亦是踏入中国境内的关键枢纽站。在这片广袤的黑土地上，共有18个边境口岸，开通了逾20条旅游线路，全面迎合并满足了俄罗斯游客的多样需求。黑河、绥芬河等城市，成为俄罗斯游客竞相前往的热门之选，而五大连池的壮丽火山景观、镜泊湖的如画山水，同样深受俄罗斯游客的青睐与赞赏。与此同时，俄罗斯的符拉迪沃斯托克，以其独特的魅力，成为中国游客竞相追捧的热门度假天堂。2012年，中俄双方签署了多项旅游便利化协议，诸如互免签证协定及旅游团体免签安排等，这些优惠政策无疑为两国旅游业的蓬勃发展注入了强劲动力。

中国的东部区域与俄罗斯的远东地带，凭借其得天独厚的地理位置，开展了富有成效的深层次交流，合作历程悠久且成效显著。中俄旅游业的这一深度合作态势，不仅促进了经济与贸易等领域的协同发展，而且鉴于中国东北地区与俄罗斯、蒙古国及朝鲜均接壤的独特地缘优势，该地区已成为东北亚区域中一颗璀璨的明珠。这对地区旅游行业以及相关其他行业的前进之路起到了推波助澜的作用，并且在边境口岸的开发力度加大下，促进了各方面的合作发展，如贸易合作的深化、货物运输的便利、旅游合作的多途径发展。

（二）国家政策扶持

近年来，国家相继推出一系列举措，旨在扶持跨境旅游业的蓬勃兴起，为中俄旅游合作铺设了宽广的道路，营造了优越的条件。中国政府精心策划了东北地区振兴蓝图，对这片区域的未来发展和宏伟愿景进行了周密部署。自2013年起，黑龙江携手内蒙古东北部地区，步入了全面开放与加速发展的新纪元。加强与俄罗斯和东北亚的联系，成为重要的枢纽中心。《中国东北地区东北亚开放规划纲要》批准执行后，加速了中国与蒙古国、俄罗斯、朝鲜等国的全面合作，稳定了周边关系，营销良好的国际合作环境，助推中俄旅游业纵深发展。

得益于共建"一带一路"政策的强劲东风，中俄两国的交流与合作跃升至崭新层次，不仅为俄罗斯、欧洲与东北亚地区的协同发展铺设了稳固基石，还成功搭建起了互利共赢的合作平台。共建"一带一路"倡议下的丝路基金与亚洲基础设施投资银行，为中国东北地区铁路、海港、空港及公路等一系列基础设施项目注入了强劲动力与支持。充足的资金使得这些地区的基础设施面貌焕然一新，为旅游业的蓬勃发展奠定了坚实的基础。与此同时，双边及多边贸易的蓬勃发展也为旅游业的多元化开辟了新路径，诸如贸易考察游、会展观光游、教育研学游等新兴旅游形式层出不穷，极大地促进了文化的深度交流与互鉴。旅游者成为文化传播者，将各地文化习俗交融共享。由此可见，文化、贸易的交融为各国经贸合作奠定了基础，为旅游合作的发展提供了新的角度。

中国和俄罗斯的国家性质不同。两国的政治制度、政党制度、政治环境均有较大差异，旅游业的发展受到一定影响。但中俄是历史上的友好邻邦，交往历史长，共存价值高，长期以来处于和平友好的状态。尤其步入21世纪以来，中俄两国战略协作伙伴关系迈上了崭新的台阶。从政府到地方均展现出友好交流的局面，为旅游业的发展奠定了良好的基础和条件。

中俄两国在远东地带共享广泛的利益，这片区域成为两国携手并进、共谋繁荣的关键舞台。随着双边友谊的日益加深，沿海地区与中西部地区的经济差距逐渐显现，地区间经济发展的不均衡态势越发显著。为此，我国推出了"西部大开发战略"与"东北老工业基地振兴计划"，旨在调和地区经济的不平衡状态，特别是加大了对东北经济的扶持力度。俄罗斯地域辽阔，横跨欧亚，其经济发展的重心偏向西部的欧洲板块，而西伯利亚与远东区域则相对滞后。主要原因在于远东地区自然环境和基础条件较差，道路交通和基础设施较差。远东地区的自然资源较丰富，长期以来得到了俄罗斯的扶持。随着东亚经贸合作日益深入、贸易往来越来越频繁，俄罗斯意识到必须融入东北亚经济圈才能推动远东地区经济的持续增长。因此，俄罗斯不断向远东地区出台一系列政策文件，重点发展远东地区的经济，进而推动旅游业的持续发展。

中俄双方所建立的制度框架与战略协作体系，构成了双方全面战略协作伙伴关系的坚实根基。近期看来，两国不断加强各领域的深度合作，走向科学化、制度化的发展道路，形成健康的可持续发展关系。中俄两国关系不断向纵深发展，得到了国家、地方以及民间组织的支持，构建了各级各类合作机制，确保双方合作与交流顺畅进行，制度化的合作关系对于双方旅游业的合作发展产生积极的推动作用，日益朝着规范化与制度化发展，合作领域和合作形式日益多元化，特别是"中俄国家年""中俄旅游年"等，加深了两国人民的彼此了解，使得两国关系日益加深，形成彼此互信互联的纽带关系。

（三）旅游资源丰富

世界各国旅游业日益朝着一体化的合作方向发展，合作程度日益加深，人民可支配收入和闲暇时间日益增多，生活质量大幅提升，对高层次旅游的需求日渐提高，促使各国不断开发旅游资源，完善旅游基础设施，改善旅游产业结构，优化升级旅游服务。中国旅游资源丰富多彩，自然资源和人文资源异彩纷呈，有15 000多处自然景观和历史文化景观，中国目前已有56项遗产收录于《世界遗产名录》之中，细分为世界文化遗产38项、世界文化与自然双重遗产4项及世界自然遗产14项。据2019年统计数据显示，国内国家地质公园达219处。我国民族构成多元，各民族均保有鲜明的民俗文化特色、宗教信仰体系及风俗习惯，这些丰富的文化多样性构筑了差异化显著的人文景观体系，为推动我国旅游业的蓬勃发展奠定了坚实的基础。

中国的自然风光和名胜古迹对俄罗斯游客有着极大的吸引力，特别是名胜古迹吸引着他们前来游览。他们喜欢中国的旅游城市，如北京、上海、广州等，加之细致周到的旅游服务，受到俄罗斯游客的好评。这些旅游城市文化魅力极强，城市配套设施齐全，经济发展水平较高，特别是靠近大海的旅游城市，对俄罗斯游客的吸引力最大。北京，作为中华大地的政治枢纽、经济引擎与文化核心，历经数千载的文化积淀，孕育了深厚的文化氛围。如万里长城、故宫、颐和园等举世闻名的历史遗迹，以其独特的魅力，深深吸引着来自俄罗斯的游客，成为他们探索中华文明不可或缺的旅游胜地。广州，作为最早对外开放的城市，对外开放程度和经济发展水平较高，俄罗斯游客也较多。哈尔滨和沈阳同样受到俄罗斯游客的高度关注，一是地理位置接近；二是哈尔滨中央大街、索菲亚教堂等历史文化景观，吸引着俄罗斯游客纷至沓来。

中俄间规模最大的陆上交通要冲当属满洲里，同时也是我国对外开放的重要陆路口岸。1992年，满洲里中俄边贸旅游区应运而生，专注于促进两国的边境贸易及旅游合作。自2005年起，满洲里特别设立了旅游快速通道，显著加速了入境游客的通关流程，使之跃居为接待俄罗斯游客数量之首的城市，素有"亚洲之窗"的美誉，巩固了其作为中国顶级陆路口岸的地位。近年来，海南凭借其多样化的旅游产品，如中医养生之旅、生态探险游、健康疗养体验及民俗文化探索等，深受俄罗斯游客的欢迎，成为备受青睐的旅游胜地。大连这座海滨之城，则以其著名的中医理疗服务而声名远扬，其品牌影响力逐年攀升，吸引了众多俄罗斯家庭及学生群体，他们在此享受长时间的逗留与高额消费。鉴于俄罗斯冬季严寒，大连成为理想的疗养目的地；而夏季的北戴河，则因其四季如春的气候、旖旎的自然风光以及优质的海滨浴场资源，同样深受俄罗斯游客的喜爱，成为他们海滨度假的优选之地。

二、中俄旅游合作动态

中俄旅游发展趋势特点明显。根据俄罗斯在线旅游服务企业"一两次旅行"网站的数据显示,2023年秋季越来越多的俄罗斯人选择前往中国旅行,在线预订飞往中国的机票数量及酒店住宿预订量较2019年增长了一倍。机票和酒店的预订数量极大增加的原因是我国于3月恢复了对俄罗斯公民发放各类签证,同时莫斯科、圣彼得堡等城市飞往北京、上海、广州等地的航班逐渐增多。值得指出的是,广州成为最受欢迎的中国城市——占俄罗斯全国秋季赴华机票预订量的23.9%。北京以22.8%的份额位居第二,上海以19%的订单占比位居第三。上海酒店成为俄罗斯游客需求最大的城市,占中国酒店预订总量的24.9%。第二受青睐的是广州(22.1%),北京则位居第三(21.3%)。

(一)中俄旅游合作领域现状

中国游客在出境旅游中的消费能力历来显著,其中购物支出占据了旅游消费的重要份额,尤其是商务旅行者,在奢侈品、服饰、珠宝、香水及化妆品等领域的消费比例尤为突出。近年来,赴俄旅游的中国游客数量持续增长,为此,俄罗斯政府推出了多项优惠政策以吸引游客,购物退税政策便是其中之一。该政策实施以来,中国游客的退税金额始终占据领先地位。自2018年4月10日政策实施起,中国游客的退税发票占比高达80%,紧随其后的是拉脱维亚与阿塞拜疆游客。特别是在俄罗斯世界杯举办期间,中国游客的退税金额高达6.7亿卢布,占全部外国游客退税总额的71%,彰显了其在俄罗斯旅游市场中的重要地位。

中国与俄罗斯作为接壤的最大邻国,长期以来构建了一种高度互补的外贸合作关系。自2012年俄罗斯正式成为世界贸易组织成员以来,其国内经济呈现出蓬勃发展的态势,市场容量持续扩展,展现出巨大的发展潜力,预示着中俄两国间的互补优势若能有效转化为实际合作成果,双方的市场空间将迎来更为广阔的拓展。在此背景下,中国企业如何高效切入俄罗斯市场并取得稳固地位,已成为市场营销领域亟待深入探究的关键议题。

1."万里茶道"旅游品牌建设

2013年9月,《万里茶道联合申报世界文化遗产倡议书》的签署标志着中蒙俄三国在旅游发展策略上达成了共识。2016年7月,"国际旅游联盟"的成立进一步推动了双方旅游合作迈向新台阶。此后,三方致力于探索"旅游+"创新模式,旨在提升"万里茶道"的知名度与影响力,构建区域旅游合作新平台,深化中蒙俄地区及国家间的旅游合作。通过举办青少年文化交流夏令营、"万里茶道"博览会、"万里茶道"国际旅游交易会等活动,显著增强了旅游品牌的影响力与良好声誉。如今,"万里茶道"已成为三国旅游合作的典范,对促进中蒙俄经济走廊建设及深化三国旅游合作发挥关键作用。

2.红色旅游合作发展

中俄两国拥有丰富红色旅游资源及深厚的传统友谊,为红色旅游合作的开展打下了坚实的基础。随着共建"一带一路"倡议的推进,中俄两国在多领域的合作不断深化,双边关系越发紧密,为红色旅游的发展带来了新的机遇。2014年,俄罗斯正式提出在伏尔加河沿岸区域发展红色旅游,标志着官方层面对红色旅游发展的认可与推动。2015年,中俄在韶山联合举办了一系列红色旅游合作与交流活动,双方就红色旅游的合作框架、内容、形式及发展前景等达成了广泛共识,为两国旅游合作的战略规划奠定了重要基础。2018年,中俄已成功举办了四届红色旅游系列活动,搭建起中俄红色旅游交流合作的关键平台(见表5-5)。在此平台上,两国政府官员、专家学者、行业企业等展开了深入的交流与合作,取得了一系列显著成果(见表5-6)。

表 5-5　中俄红色旅游路线

旅游线路(中国)	红色古都游:北京—西安—洛阳—郑州
	红色滨海游:北京—大连—烟台—威海—青岛
	红色江南水乡游:上海—杭州—苏州—南京
	毛主席故乡游:上海—张家界—韶山—长沙
	红色海岛休闲游:三亚—五指山—琼海—万宁
	好客山东红色游:济南—泰安—济宁—临沂—青岛—烟台—威海
	亲情沂蒙红色游:莱芜—济宁—枣庄—临沂—淄博—日照
旅游线路(俄罗斯)	莫斯科—乌里扬诺夫斯克—喀山—圣彼得堡
	莫斯科—乌里扬诺夫斯克—萨马拉—莫斯科
	莫斯科—圣彼得堡
	喀山—乌里扬诺夫斯克—萨马拉
	莫斯科—喀山—乌里扬诺夫斯克—莫斯科

表5-6　2015—2021年中俄红色旅游系列活动成果

国家层面	《中俄关于2015—2017年红色旅游合作的谅解备忘录》
	推进落实两国政府间协定旅游团体免签政策，实行电子数据管理，简化旅行出行文件和办理手续
	采取"互联网+"旅游方式，探索线上红色旅游新模式
地方政府行业合作	《湖南省与乌里扬诺夫斯克州红色旅游合作协议》
	《长沙市与乌里扬诺夫斯克市旅游合作协议》
	《湘潭市与乌里扬诺夫斯克市建立友好城市关系意向书》
	《中俄旅游企业开展红色旅游业务合作协议书》
	《中俄红色旅游客源互送协议》
	成立中国红色文化研学旅行联盟
	成立沂蒙红色邮局总局
区域合作	《红色旅游合作韶山宣言》
	《红色旅游创新发展长沙宣言》
	《全国红色旅游创新发展城市联盟盟约》
	《共同推动红色旅游发展的倡议》
自驾游活动	从毛泽东故乡到列宁故乡大型红色自驾游
	"重走刘少奇留学路，从花明楼到莫斯科"中俄红色自驾游
	"穿越湘赣边界，重走秋收路"自驾游

中俄两国在红色旅游领域的深度发掘，极大地丰富了双方旅游合作的内涵，增强了旅游产业的竞争力，为双方旅游合作的全面开展铺设了道路。这一合作不仅促进了区域间合作的深化，为双方地区的经济发展注入了新的活力，带动了就业增长，还加速了旅游行业的整体进步。此外，红色旅游的蓬勃发展促使两国民众交流互动更加频繁，相互了解不断加深。特别是自驾游线路的开辟，为两国游客提供了更多的人文交流平台，为深化两国人民友谊创造了有利条件。

3.友好中国项目推广

俄罗斯世界无国界旅游协会在2014年推出了"友好中国"倡议，旨在通过确立行业准则、深化两国行业间的协作等途径，优化旅游服务标准与质量，进而增强中国旅游市场的国际竞争力。"友好中国"倡议赢得了业界广泛的赞誉与支持，吸引了大量参与者，其影响力遍及俄罗斯全国各地，涵盖了旅游产业链上的关键环节，如酒店、餐饮、博物馆、机场及购物中心等，为游客提供了更为便捷的旅行体验。该倡议的核心宗旨在为中国游客提供优质服务，其性质为非官方，不直接涉及旅游基础设施的建设，而是通过提升服务软实力，给予游客难忘的旅游经历，是中俄旅游合作中不可或缺的一环，对两国旅游业的共同发展具有重要影响。

4.冰上丝绸之路旅游合作

《中国的北极政策》白皮书于2018年正式面世，明确指出中国将积极参与北极旅游资源的开发工作，倡导并支持多家企业投身其中，同时致力于完善旅游基础设施，旨在提升俄罗斯北极地区国际旅游的竞争力。基于此，中俄两国就冰上丝绸之路旅游合作达成了广泛共识。2021年，"长白山指数·中国冰上丝绸之路指数报告（2020）"的发布进一步揭示了中俄贸易伙伴关系的稳固与深化，以及旅游合作领域所蕴含的巨大潜力。冰上丝绸之路不仅为中俄旅游合作开辟了新的路径，沿途涵盖北极地区的壮丽海洋、广袤冰原等自然景观，以及独具魅力的原住民文化区域，旅游资源极为丰富。通过有效整合这些沿线旅游资源，不仅能够促进当地旅游经济的繁荣与就业增长，还为其他领域的合作提供了全新的思路与助力。

（二）中俄旅游服务贸易现状

旅游服务贸易这一术语，指的是一国旅游行业从业者向其他国家游客所提供的需支付费用的服务活动，涵盖了国际游客的出入境旅游范畴。此类贸易通常被划分为两大类别：其一，商业性服务贸易，这其中包括专业服务、计算机信息技术服务以及设备租赁服务等项目；其二，建筑服务贸易，该类别在市场上占据较大比重，涵盖了销售服务与金融服务等诸多领域。国际旅游与国际贸易之间存在着紧密的联系，它们构成了一个相互影响、相互作用的综合体系。一般来讲，国际旅游流越高，国际贸易额也越高，二者存在密切的相关性。中俄旅游服务贸易的发展水平可从入境的俄罗斯游客数量得以佐证，2016年中国去俄罗斯的游客有128万余人次（见表5-7），俄罗斯到中国旅游的游客有128万余人次（见表5-8）。中国成为俄罗斯第一大入境客源国，中国成为俄罗斯出境旅游最大的目的地。随着全球经济一体化的发展，两国的经贸合作愈加密切。"俄罗斯旅游年"为增进两国人民的友好关系搭建了良好的平台，在传播中俄友谊、深化旅游合作、增进人民了解、传递两国文化等方面做出巨大的贡献。

表5-7 2007—2017年中国游客入境俄罗斯人数统计表

年份	中国游客（人次）
2007	130 000
2008	127 000
2009	116 000

年份	中国游客（人次）
2010	158 000
2011	234 000
2012	343 000
2013	372 000
2014	874 000
2015	1 122 000
2016	1 289 000
2017	1 478 000

表5-8 2007—2017年俄罗斯游客入境中国人数统计表

年份	俄罗斯游客（人次）
2007	1 652 000
2008	2 059 000
2009	999 000
2010	1 440 000
2012	1 502 000
2013	1 329 000
2014	1 068 000
2015	1 731 000
2016	1 284 000
2017	2 003 000

据此观察，过去十年，俄罗斯赴中国旅游的游客数量实现了显著增长，"俄罗斯旅游年"活动极大地增进了双方民众的相互理解和友好情谊，为两国友谊的持久发展及旅游合作的深化奠定了坚实的基础。随着两国民间交流日益密切，中国游客对俄罗斯民俗文化展现出了更加浓厚的兴趣。2017年，俄罗斯游客访华人数高达200.3万人次，相较于2007年增长了35.1万人次（见图5-20）。十年间，两国旅游贸易互动频繁，协同发展成效显著，旅游合作规模持续扩大，旅游资源得到了充分且有效的开发利用。中俄两国均对旅游业的发展给予了高度重视，并全力投入以提供高质量的旅游服务。

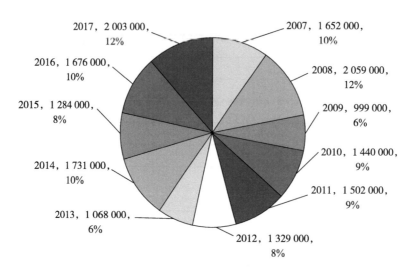

图5-20 2007—2017年俄罗斯游客入境中国人次

中俄两国间的双向旅游人数均呈增长趋势，然而增长幅度并不均衡。俄罗斯游客访华主要以私人旅行为目的，相比之下，中国游客前往俄罗斯的增速较为平缓，这反映出俄罗斯需进一步增强其旅游吸引力，以吸引更多中国游客的关注与青睐（见图5-21）。

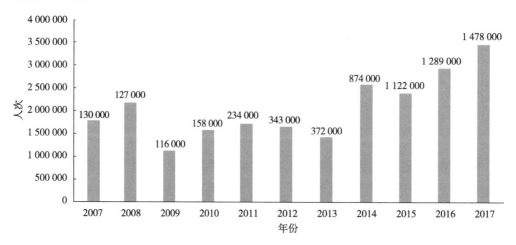

图5-21 2007—2017年中国游客入境俄罗斯人次

中俄两国间的互访活动颇为频繁，中国经济展现出蓬勃发展的态势，其旅游业所发挥的拉动作用尤为突出。俄罗斯已成为中国入境旅游的第三大客源国家，同时，中国也跻身俄罗斯游客出境游选择的第四大热门目的地（见图5-22）。然而，在进出口贸易领域，俄罗斯仅位列中国第十大贸易伙伴，中俄双边贸易额占中国国际贸易总额的2.2%，其增长速度相较于中国出境旅游的迅猛态势而言，显得较为平缓。但对俄罗斯来说，出境旅游对推动进出口贸易的增长效应更为明显。

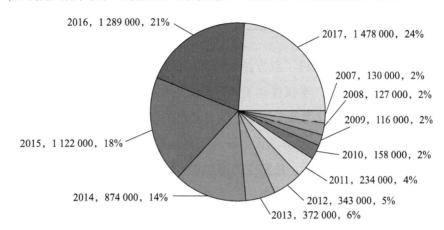

图 5-22　2007—2017 年中俄游客人次流动比

（三）中俄旅游信息交流现状

中俄一直以来缺乏旅游信息的交流，不够全面。虽然两国游客数量不断增长，但是中国旅游者依然缺乏对俄罗斯旅游资源、旅游景区、民俗文化等方面的了解，在旅游基础设施、旅游交通、旅游住宿等方面均缺乏全面的了解。旅游企业并未积极主动地对旅游产品进行营销宣传，以激发游客的购买欲。通常情况下，营销活动可采取两种主要途径实施：第一种是人员直销，即营销专员直接与游客进行互动交流，促成销售；第二种为非人员直销，涵盖了利用广告、公共关系等媒介手段进行的推广活动。这两种营销模式各有其优势与局限，且相互之间存在互补性。一个精心策划的营销策略，能够有效引导采购行为，激发消费者的购买欲望，进而扩大商品的市场需求，彰显商品特色，并巩固企业在市场中的竞争地位。

随着中国旅游市场规模的不断扩大，中国出境游人数全球排名第一，这得益于中国政府对市场的审时度势与各项政策的推动，外国游客对中国旅游目的地的兴趣也正不断上升。自改革开放以来，中国在旅游经济领域所取得的成就备受全球瞩目，国内旅游业日趋成熟且充满活力。中俄两国的旅游合作已成为各自国家的重要经济支柱，促使两国在经济成长、人口规模及旅游发展等方面既展现出协同发展的态势，又各自保持独特性，展现出广阔的发展前景与巨大的潜力。

三、中俄旅游合作主要领域

中俄在多领域都存在广泛的合作，如旅游经济、产品贸易、国际合作、服务贸易等领域均存在志同道合的交流，发展前景广阔。

（一）旅游经济合作

中俄旅游合作有力地促进了双方经贸关系的深化，涵盖了餐饮、住宿、交通、游览、购物及娱乐等领域，不仅推动了诸多产业的协同发展，还催生了新兴行业，促进了两国产业结构的优化升级，加速了双方经济的增长步伐。旅游学术界针对中俄旅游经济的发展趋势，从经济学视角深入剖析旅游业，使之成为研究的核心议题。中国经济的蓬勃发展带动了旅游业的迅猛崛起，为中俄旅游的持续进步提供了强大动力。尤其是中国经济的持续增长，极大地促进了旅游业，特别是出境游的快速增长。近年来，俄罗斯政府显著增加了对旅游业的投入，推动旅游业朝着健康、积极的方向发展。俄罗斯凭借雄厚的科技实力与丰富的文化底蕴，其旅游产业成为经济发展的重要驱动力。中俄两国间的互信与互通不断深化，旅游交流与合作活动日益频繁，旅游市场保持稳定增长。在区域旅游经济合作层面，中俄政府加大了支持力度，特别是在俄罗斯远东及西伯利亚地区与中国东北地区的经贸合作中取得了显著成果。两国经济合作前景乐观，各领域均展现出强劲的发展潜力。作为世界上人口最多的国家，中国经济保持稳定且高速增长，旅游业亦呈现出平稳且显著的上升态势。相比之下，俄罗斯国内旅游增长较为缓慢，加之经济危机的冲击，使得其旅游业难以实现快速发展。中俄旅游业作为两国的共同事业，亟须全力发展国际旅游，以赢得国际市场，提升经济竞争力，从而更好地满足国内旅游者日益增长的需求。

（二）旅游产品贸易合作

中俄两国正全力推动更高层次的贸易合作，深化各产业领域的协作，并积极拓展边境地区的合作增长点。尽管当前的双边贸易合作尚未达到理想境界，但仍不乏亮点与创新之处，展现出巨大的合作潜力。旅游贸易作为两国直接经济合作的关键领域，随着全球化步伐的加速，各国越发重视国际贸易的发展质量及其带来的高附加值，全球产业结构调整的趋势越发显著。以发达国家为引领，各国不断强化贸易合作，推进产业结构调整，合作范围持续拓宽，合作水平不断提升，为世界经济的强劲发展注入了强大动力。旅游贸易涵盖旅游商品的流通、旅游服务、珠宝饰品、地方特产等方面。中国游客对俄罗斯的传统民族工艺品如套娃、特色药品等情有独钟；而俄罗斯游客则偏爱中国的茶叶、丝绸以及各地的旅游特产，如北京果脯、扬州酱菜、杭州龙井茶、连云港海鲜、南京盐水鸭、苏州豆腐干、浙江竹海地区的竹编工艺品等。当前，两国的土特产以其优良的品质、较高的知名度以及良好的性价比而广受游客青睐，多数游客会选择购买，既供自用也赠予亲朋好友。

（三）国际旅游信息合作

中俄两国均拥有丰富多彩的文化遗产与悠久的历史传统，是多民族、多文化共融的国家典范。在国际旅游合作领域，中俄两国保持着紧密的交流，中国正迅速崛起，逐渐超越其他旅游大国，成为全球接待游客数量最多的国家。出境旅游产生了积极的国际影响，不仅扩大了客源国的国际知名度，还有效提升了国家形象。每年，数以亿计的中国游客遍布世界各地，积极宣传中国的文化、旅游服务、美食等，吸引着全球游客的目光，使中国成为备受瞩目的旅游目的地。2012年，中俄两国签署《中华人民共和国国家旅游局和俄罗斯联邦旅游署关于进一步扩大旅游合作的谅解备忘录》，明确提出中俄旅游合作的发展战略，着重强调在信息交流、旅游投资、旅游影响评估及旅游教育培训等领域的深入合作。两国政府对此给予了大力支持，旅游企业间也应持续加强沟通与协作，使旅游合作展现出蓬勃发展的良好态势。然而，当前两国间的旅游信息交流尚存障碍，亟须建立一个集中俄英三国语言于一体的在线旅游信息平台，以促进信息的无障碍流通。

（四）国际旅游服务贸易合作

旅游业是旅游服务贸易的基石，通过积极推动两国旅游业的蓬勃发展，能够显著提升服务贸易的整体竞争力。为此，需围绕旅游产品的开发与生产、旅游消费需求的激发以及旅游服务供给的优化等方面，精心制定相关政策，持续推动两国旅游业迈向更深层次的发展阶段。鉴于旅游资源具有不可再生性，一旦受损便无法复原，因此，两国在开展旅游国际贸易时，应严格遵循生态原则与以人为本的原则，依据旅游景区的承载能力及旅游资源的实际情况进行合理规划，以确保旅游业的可持续发展得以真正实现。与此同时，俄罗斯在旅游基础设施方面也持续加大投入，目前拥有酒店数量已达12 000家，遍布447座历史名城，坐拥14万余处历史与文化遗迹、108家博物馆、142个国家公园以及101个国家自然保护区，这些丰富的旅游资源为旅游服务贸易的增长奠定了坚实的基础，展现出极为可观的增长潜力。

当前，发达国家在旅游服务领域的进出口方面依然占据领先地位。然而，随着新兴国家的不断崛起，它们正以惊人的速度和活力展现出自身的独特魅力，特别是在旅游服务进出口及创新方面，亚洲国家尤为突出，其增长势头强劲。

在旅游收入方面，2023年俄罗斯的旅游接待量成功突破了7 500万人次大关。这一数字不仅远超疫情期间的旅游表现，相较于2019年疫情前，也实现了显著的增长。尽管俄罗斯的出境游市场表现亮眼，但入境游方面仍有待提升。为此，俄罗斯需进一步增强旅游资源的吸引力，开发多元化的旅游产品，以期吸引更多入境游客，实现旅游业的持续增长。

四、中俄旅游合作特点

中俄两国历史悠久、政治经济联系紧密，加之地理位置唇齿相依，两国在多领域长期存在合作与往来。

（一）中俄旅游市场的开发拥有巨大的潜力

当前，随着旅游网络市场的迅猛发展，旅游服务提供的模式正逐渐呈现出减少传统旅行社数量、转向网络旅行社的趋势。网络旅行社凭借其独特的优势，在市场中占据了一席之地，这些优势包括：采用单一品牌策略、构建统一的营销体系、运用先进的技术手段、实施整体的旅游广告策略、执行统一的采购与定价政策、打造单一的信息发布平台以及拥有完整且独特的经营理念。俄罗斯旅游零售市场中的网络份额日益增长，证明旅游国际合作具有极大的促进作用，其动力和潜力不可忽视。

中国的入境旅游是随着改革开放大环境逐渐发展起来的，越来越多的外国游客来到中国，进行经济、政治、文化的交流。而俄罗斯的国际旅游起步相对晚，发展缓慢，与中国合作是非常必要的。现实数据表明，俄罗斯只有先发展国内旅游，才能真正进入国际旅游市场，旅游潜力巨大，但其出境游客量仅占全球旅游市场的很小份额。因此，俄罗斯需在旅游基础设置、服务市场搭建、旅游组织创建、旅游手续简化等方面下功夫。俄罗斯与中国旅游战略合作的决心十分坚定，无论政府还是民间，都提供了很多优惠政策来保障旅游活动的顺利进行，如自2016年起可根据旅游团免签协议接收来自中国的游客。

（二）旅游产品及其贸易具有长远历史

旅游产品是通过对旅游资源的合理开发与高效利用，将旅游吸引物及相关服务进行系统整合而形成的综合性体系。此类产品具备高度的综合性，其构成涵盖餐饮、住宿、交通、游览、购物及娱乐等维度。旅行社的核心竞争力集中体现在开发具备市场优势的旅游产品上，需在人力资源与物质资源配置上深下功夫。唯有利润率高、生命力旺盛且具备多元特性的旅游产品，方能长期顺应市场经济的发展潮流。旅游业与旅游产品之间存在紧密的相互依存关系，通过持续的创新与变革，不断推出富有地方特色与文化底蕴的新产品，是旅游业发展的关键。唯有精准捕捉市场机遇，紧密结合旅游资源的现状，深入分析旅游发展趋势，并敏锐把握市场动态，旅游业方能成功推出契合游客需求的产品与服务。

在中俄两国的旅游贸易交流中，中国游客展现出远超俄罗斯游客的强大购买力。为了充分把握这一巨大的市场潜力，俄罗斯方面应积极致力于旅游产品的开发与创新，巧妙融合本国丰富的传统文化与现代消费需求，精心构建多元化的旅游产品体系，以期全方位满足中国游客的多样化需求。在旅游商品的选择上，中国游客对俄罗斯的套娃、皮草制品、化妆品及巧克力等商品情有独钟，而俄罗斯游客则更偏爱购买中国的丝绸、茶叶、精美瓷器、玉器以及各地的特色土产。值得一提的是，中国的丝绸与茶叶历史悠久，自古以来便在国际贸易中占据重要地位，它们不仅丰富了人们的日常生活，更在对外贸易中成为展现国家文明与文化的重要载体。

（三）旅游产品及其贸易具有长远历史

旅游产品的发展层次与质量直接关乎旅行社的核心竞争优势，故需充足的人力、物力及财力作为坚实的后盾。市场渴求生命力旺盛、营利性强的产品以满足日益增长的消费需求，从而促使低端、低效的产品逐步退出市场，确保旅游产品能够保持高品质与多元化的良好态势。旅游业与旅游产品紧密相连，彼此支撑，旅游业未来的发展趋势有赖于持续推出富含独特魅力的旅游产品，在精准洞察游客需求与资源现状的基础上，不断优化产品性能与服务品质。

中俄两国在旅游交往领域中的旅游产品效益尚待提升，其增长幅度并未与两国贸易水平的持续提高保持同步。鉴于中国游客消费能力的日益增强，俄罗斯旅游业积极应对。自2018年起，俄罗斯精心策划并推出了十余条精品旅游线路，旨在吸引更多的中国游客。同时，哈尔滨凭借其独特的魅力，成为俄罗斯游客热衷的旅游目的地，接待规模庞大。2018年第一季度，黑河边境地区的旅游收入达2.7亿元人民币，而五大连池则吸引了约9万人次的俄罗斯养生游客。牡丹江作为中俄贸易交流的关键节点城市，既是中国游客体验俄罗斯风情的理想之地，也是俄罗斯游客前往中国的重要中转站，发挥着重要的桥梁与纽带作用。

2023年，中俄两国的贸易额实现了历史性的突破，达1.69万亿元人民币的新高度。两国的经贸关系已从传统的贸易往来迈向了工业合作的新阶段，涵盖汽车制造与农产品深加工等领域。为了吸引中国游客，俄罗斯的旅游机构纷纷赴华参与各类旅游项目展览，积极推广国内的旅游资源，旨在将俄罗斯的旅游产品与传统文化、民俗风情展现给中国民众，进而塑造积极的国家形象。两国双边贸易额的持续增长，得益于双方稳固且长远的贸易与经济合作关系，预示着双方合作前景的日益广阔与光明。

（四）中俄旅游服务质量有很大提升空间

中俄旅游合作中，服务质量问题历来备受关注。俄罗斯联邦旅游署已明确规定，带领团队旅游的人员必须持有相应的资格证书方可上岗。然而，当前俄罗斯面临持证双语导游资源匮乏的困境，导游人才的培养进度难以匹配游客数量的快速增长。此外，导游的汉语表达能力有待提升，且在专业技能与协调能力方面尚有提升的空间。鉴于此，莫斯科已设立专项委员会，致力于对导游人员进行系统化的专业培训，以期切实增强导游的业务素养与综合能力。

中国游客前往俄罗斯旅游时面临的一个挑战在于基础设施有待完善。尽管"友好中国"项目的实施在一定程度上提升了俄罗斯的旅游服务质量，但由于该项目启动时间较短，目前仅有20余家酒店参与其中，难以充分满足大量中国游客的住宿需求。此外，俄罗斯多数城市的交通便捷性仍有待提高，除了莫斯科和圣彼得堡两大城市外，其他像喀山这样的历史文化名城以及风景秀丽的伏尔加格勒等地，尚未开通直飞中国的航班，给中国游客的出行带来不便。为此，两国相关部门正积极努力，致力于开辟更多中国省区与俄罗斯各州之间的直飞航线，以改善这一状况。

为此，两国政府需携手合作，积极寻求解决方案，以期推出更多符合双方游客需求的旅游线路与方式。俄罗斯旅行社特别设计了"7日游轮之旅"，该旅程将带领游客游览伏尔加河沿岸的特色城市，并贴心地提供中国游客偏好的中餐服务、无线网络接入、中文电视频道以及中文导游陪同，力求全方位满足中国游客的需求。此外，俄罗斯旅行社还推出了诸如探寻苏联领袖足迹的"红色游"、回顾第二次世界大战历史的"军事游"以及横跨欧亚大陆的"东方快车游"等特色旅游项目。针对双语导游短缺及旅游服务质量提升等问题，中俄双方亟须共同努力，期望通过深化旅游业合作来逐步解决。

（五）国际旅游信息的进一步交流

在旅游出入境发展战略的框架下，确保旅游信息交流的全面性和数据管理的系统性至关重要，这对于提升偏远旅游地区的服务质量具有直接影响。中俄旅游合作的核心目标在于，不断优化旅游合作主体的信息交流效率，促使中国更有效地向国际社会传播自身文化，从而最大化吸引入境旅游流量。俄罗斯旅游业当前面临的主要挑战在于，系统性地开发和解决信息交流基础设施不足以及旅游服务质量不高的问题。与此同时，中国在世界旅游评级中位列第三，正稳步迈向旅游强国的行列。中国致力于将自身打造为世界文化强国，通过积极融入全球大众文化空间，并逐步借助旅游业在海外扩大影响力。这一进程不仅增强了中国文化在国际关系体系中的吸引力，还激发了进一步提升其在国际舞台上的文化魅力的愿望。

五、中俄旅游合作优势

（一）中俄两国区位条件良好

中俄两国作为睦邻友好国家，拥有漫长的边界线和众多口岸，这为两国开展跨境旅游合作提供了得天独厚的地理条件。得益于这一优势，中俄游客能够享受到行程简短、费用经济、交通便利的跨境旅游体验，使得中俄跨境游成为两国民众国际旅游的首选目的地。首要因素在于中俄两国边境线绵长，总长4 300多千米，跨越中国的黑龙江、吉林、呼伦贝尔等地区，以及俄罗斯的阿穆尔州、哈巴罗夫斯克边疆区、犹太自治州、滨海边疆区（见表5-9）。此外，两国边境线上密布的口岸成为跨境旅游顺利的基础。

表 5-9　中俄相邻边境地区

中国	俄罗斯
黑龙江省	阿穆尔州、哈巴罗夫斯克边疆区、犹太自治州、滨海边疆区
吉林省	滨海边疆区
内蒙古自治区（呼伦贝尔）	外贝加尔边疆区
新疆维吾尔自治区（北疆的阿勒泰地区）	阿尔泰共和国

（二）中俄两国双边关系友好

中俄两国间悠久的友好情谊，其根基深植于共建"一带一路"倡议的高质量推进之中，为双边贸易合作与沟通交流铺设了畅通的路径，同时也为跨境旅游合作的稳固与长远发展提供了有力支撑。回顾历史，1991年两国即确立了大使级外交关系，1992年进一步升华为睦邻友好关系，彰显了双方对和平与友好的坚定承诺。1994年，中俄构建起新型建设性伙伴关系，秉持和平共处五项原则，强调睦邻友好、互惠互利及平等信任的价值观念。1996年，两国关系再上新台阶，确立了平等互信、合作互利的新型国际关系模式，坚守不结盟、不针对第三方及和平共处的外交立场。步入21世纪，中俄关系持续深化。2014年，两国正式迈入全面战略协作伙伴关系的新阶段，各领域合作高效且全面展开，展现了高度的战略协同与互补优势。截至2019年，中俄新时代全面战略协作关系迈入崭新篇章，在共建"一带一路"倡议的引领下，俄罗斯作为中国最坚实的发展伙伴之一，双方携手并进，共谋互惠互利、共同发展的新未来。

（三）中俄跨境旅游资源丰富

中俄两国地域辽阔，自然资源与人文景观丰富多样，为两国跨境旅游合作提供了得天独厚的资源禀赋。通过科学规划与资源整合，实现两国旅游资源的优势互补，是促进双方旅游业共同繁荣的关键所在。

1. 中国旅游资源概览

中国与俄罗斯接壤的边境区域，蕴藏着丰富的自然资源、深厚的文化底蕴、独特的民俗风情、壮丽的冰雪景观以及优质的医疗资源等，为两国旅游合作提供了丰富的素材与潜力（见表5-10）。

表5-10 中国相关边境地区各类型旅游资源量

单位：个

旅游资源类别		黑龙江	吉林	内蒙古	新疆
自然旅游资源	世界自然遗产	0	0	0	1
	国家级风景名胜区	4	4	2	6
	国家级自然保护区	49	24	29	15
	国家级森林公园	68	35	34	21
	国家级地质公园	10	5	12	7
	国家级湿地公园	63	23	53	51
人文旅游资源	世界文化遗产	0	1	1	1
	国家历史文化名城	2	3	1	5
	国家重点文物保护单位	66	96	150	133
	全国红色旅游经典景区	12	9	9	12

旅游资源类别		黑龙江	吉林	内蒙古	新疆
人文旅游资源	中国特色少数民族村寨	29	39	57	98
冰雪观光与文化旅游	国家级滑雪旅游度假地	1	4	3	3

注：此表中未将长城（各地区境内的部分）这一世界文化遗产计入总数。

数据来源：根据截至 2023 年 2 月网上相关公开资料整理所得。

（1）黑龙江旅游资源

首先，黑龙江省坐拥丰富的旅游资源，且品质上乘，下辖四大国家级风景名胜区：五大连池风景区、镜泊湖风景名胜区、太阳岛风景名胜区以及大沾河国家森林公园，彰显了其独特的自然风光。其次，黑龙江自然资源类型全面，涵盖草原、森林、湿地、湖泊等多种生态系统，其长达 3 000 余千米的边境线上流淌着世界最长的界江——黑龙江，更坐拥 49 个国家级自然保护区、68 个国家级森林公园、10 个国家级地质公园及 63 个国家级湿地公园，自然生态资源极为丰富。再次，黑龙江历史文化底蕴深厚，拥有哈尔滨与齐齐哈尔两座国家历史文化名城，以及 66 处国家重点文物保护单位。红色文化资源同样丰富，如东北抗联精神文化、"四野"文化等，孕育了 12 个全国知名的红色旅游经典景区，展现了黑龙江深厚的历史积淀。此外，黑龙江还是多民族聚居地，共有 53 个少数民族，其中赫哲族为独有民族，29 个少数民族村寨各具特色，构成了多元的文化景观。在冰雪旅游方面，黑龙江作为世界冰雪文化的发源地，拥有丰富的冰雪旅游项目，吸引了全球游客的目光。哈尔滨冰雪大世界、雪乡旅游区等著名景点，尤其是哈尔滨冰雪大世界，更是向全世界展示了冰雪文化的独特魅力与冰雪旅游的无限可能。最后，黑龙江在医疗与康养旅游方面也具备显著优势。绥芬河市作为对俄罗斯首个开放的医疗旅游试点市，提供中医诊疗保健、口腔保健、健康体检等多元化服务。五大连池更是知名的康养旅游胜地，凭借其得天独厚的自然资源，结合优质的产品设计与服务营销，成功打造为康养旅游目的地的知名品牌。

（2）吉林旅游资源

吉林省历史悠久，自然与人文资源禀赋丰厚，古迹遍布。首先，吉林省内国家级风景名胜区有净月潭国家森林公园、松花湖风景区、防川风景区及仙景台风景区，其中长春市更以"森林城、汽车城、科教文化城、雕塑城"等美誉著称。其次，吉林省自然资源得天独厚，地处东北，坐拥原始森林生态区、低山丘陵次生植被生态区、松辽平原生态区及草原湿地生态区 4 个生态区域，内含 24 个国家级自然保护区、35个国家级森林公园、5个国家级地质公园及23个国家级湿地公园，生态资源极为丰富。再次，吉林省历史文化资源十分丰富，拥有1处世界文化遗产——高句丽王城、王陵及贵族墓葬，以及吉林市、集安市、长春市三座国家历史文化名城，国家重点文物保护单位多达96个，红色旅游经典景区9个，历史文化底蕴深厚。此外，吉林省民族旅游资源丰富多彩，55个少数民族在此聚居，其中朝鲜族、满族、蒙古族、回族、锡伯族等各具特色，尤以延边朝鲜族自治州为朝鲜族最大聚居地，拥有39个独具民族特色的村寨，具有独特的魅力与神秘色彩。最后，吉林省冰雪旅游资源同样得天独厚，拥有4个国家级滑雪旅游度假地，每年吸引全球游客纷至沓来，不仅促进了旅游业的发展，还与中医治疗、美容保健等产业形成联动效应，共同推动了吉林省经济的多元化发展。

（3）内蒙古旅游资源

内蒙古自治区位于祖国北疆，以其多姿多彩的民族风情和丰富的旅游资源而著称。该区拥有2个国家级风景名胜区，额尔古纳湿地景区与扎兰屯风景区。此外还涵盖29个国家级自然保护区、34个国家级森林公园及53个国家级湿地公园，自然资源种类繁多，草原、森林、沙漠、湖泊等自然景观交相辉映，为旅游产品赋予了独特魅力。在历史文化方面，内蒙古底蕴深厚，呼和浩特作为历史文化名城，坐拥超过150处国家重点文物保护单位，见证了该地区的悠久历史。红色文化同样源远流长，全区共有9个全国知名的红色旅游经典景区，彰显深厚的文化底蕴。内蒙古还是一个多民族聚居的地区，蒙古族为其主要少数民族，此外还生活着达斡尔族、鄂温克族、鄂伦春族等众多少数民族，共计57个少数民族村寨散落其间，这些村寨保留着原始淳朴的民风民俗，为游客提供了深入了解内蒙古多元文化的窗口。冰雪旅游资源亦是内蒙古的一大亮点，拥有扎兰屯、喀喇沁美林谷、牙克石等3个国家级滑雪度假地，吸引着国内外众多滑雪爱好者前来体验。

（4）新疆旅游资源

新疆维吾尔自治区，这片广袤而富饶的土地，自古以来便以瓜果飘香、歌舞升平、黄金玉石璀璨而著称。其地域辽阔，物产丰盈，自然风光壮丽非凡。在旅游资源方面，新疆拥有6个国家级风景名胜区，诸如天山天池风景名胜区、博斯腾湖风景区、赛里木湖风景区、罗布人村寨风景名胜区、天山托木尔大峡谷风景名胜区等，每一处都如诗如画，引人入胜。此外，天山天池更是被联合国教科文组织列为世界自然遗产。新疆还坐拥15个国家级自然保护区、21个国家级森林公园、7个国家级地质公园以及51个国家级湿地公园，山川壮丽、瀑布飞流、珍禽异兽穿梭其间，构成了一幅幅多姿多彩的自然画卷。沙漠、草原、冰雪等自然景观与绚烂多彩的民族风情相融合，形成了独具民族特色的旅游景观，令人流连忘返。在人文景观方面，新疆同样特色鲜明，享誉中外。新疆国际大巴扎、新疆民街、二道桥民族风情街等地已成为国内外游客争相打卡的热门景点。各类特色节庆活动更是成为乌鲁木齐的独特名片，展现了新疆人民的热情好客与独特魅力。不仅如此，新疆还拥有5座国家历史文化名城，喀什、吐鲁番、伊犁、阿克苏、伊宁等地历史悠久，文化底蕴深厚。133个国家重点文物保护单位以及12个红色旅游经典景区更是见证了新疆的辉煌历程与革命精神。新疆还是一个多民族聚居的地区，哈萨克族作为新疆地区第二大少数民族，与其他民族共同创造了丰富多彩的文化。98个少数民族村寨各具特色，保留了浓郁的民族风情。阿勒泰市更是被誉为"中国雪都"，冰雪资源得天独厚，加之丰富的医疗与康养资源，使得新疆成为开展养生保健旅游和国际医疗服务的理想之地。

2.俄罗斯旅游资源概况

俄罗斯与中国毗邻而居，两国共享多元化的自然资源、康养胜地、红色文化底蕴、民族宗教特色、冰雪景观、医疗设施以及游轮旅行体验等。

（1）阿穆尔州旅游资源

位于俄罗斯远东的阿穆尔州，以其生态旅游与季节性疗养胜地而著称，该地区自然资源与生物种类繁盛，被誉为"绿色海洋"。阿穆尔河，作为该地区的主要水系，其规模远超新疆境内任何河流，河网密布，伴有矿泉与温泉，为渔猎活动提供了得天独厚的条件，鱼类资源丰富多样。此外，阿穆尔州的人文景观同样引人入胜，拥有超过百处历史遗迹与文化景点，包括标志性的列宁广场、蕴含地质奥秘的博物馆，以及承载着东正教信仰的教堂等，共同构成了该地丰富多彩的文化图谱。

（2）哈巴罗夫斯克旅游资源

哈巴罗夫斯克是俄罗斯著名的生态旅游和康养旅游区，可以开展生态游、民俗游、乡村游、探险游等。河流湖泊资源丰富，河流有12万多条，湖泊有5万多个，阿穆尔河沿线是最美的旅游线路。哈巴罗夫斯克有著名的自然保护区，如博奇河等，其周边的中锡霍特—阿林山脉是著名的世界自然遗产，景色非常优美。同时，该地区的历史与民俗文化资源丰富多彩。阿穆尔河流经众多城市，河流沿线资源富集，遍布各类自然与文化遗产以及众多历史名胜古迹。沿河游览，不仅风光无限好，而且沿线可见各少数民族沿袭的风俗民情和当地的民俗文化村，能够给游客带来独特的体验。当地的红色旅游资源同样丰富密集，有众多革命时期留下的遗迹，如列宁广场、远东军事博物馆等，有大量的艺术品收藏。

（3）犹太自治州旅游资源

犹太自治州，位于俄罗斯远东的生态旅游区，拥有雪松林、尚岩石、龟背湾、天鹅湖等各种珍稀自然资源，自然遗址、森林公园、自然保护区、野生动物保护区众多。医疗矿泉资源丰富，为康养旅游奠定了良好基础，大型滑雪场度假区、民族资源区、犹太文化区等多种资源相互融合，共建起全方位的综合型旅游度假区。

（4）滨海边疆区旅游资源

滨海边疆区是俄罗斯远东地区生态旅游和康养旅游发展较好的区域，主要原因是，第一，自然资源丰富多样。这里自然景观独特且类型丰富，有岩石、瀑布、溶洞等。动植物种类几乎涵盖全球所有品类。区内自然保护区众多，如锡霍特山脉自然保护区、卡普拉诺夫拉佐自然保护区、科马罗夫乌苏里斯克自然保护区、兴凯湖自然保护区（俄罗斯境内部分）、"克德罗瓦亚帕季"自然保护区、国家远东海洋自然保护区等，能在此享受矿泉浴、泥浴、温泉浴等康养项目。同时，滨海边疆区坐拥远东最大的海岸城市港口符拉迪沃斯托克，邮轮资源丰富，游客可乘邮轮饱览俄罗斯风光。第二，人文旅游资源富集。滨海边疆区历史底蕴深厚，拥有2 000余处考古与历史遗迹、900多个自然古迹，红色旅游场馆、宗教文化旅游资源等遍布纵横，奠定了优质的资源根基。

（5）外贝加尔边疆区旅游资源

外贝加尔边疆区风光旖旎，景色迷人。其中，阿列伊湖作为知名旅游与疗养胜地，备受游客青睐，不仅坐拥动物自然保护区、森林公园、国家公园等多样生态空间，还设有数百个医疗保健与疗养基地，像莫洛科夫卡塔拉松、库卡、达拉松、乌格萨海、阿勒哈奈、戈尔布尼卡湖（泥疗）等地都久负盛名。区内现存65处自然古迹，历史悠久的阿加布里亚特民族文化小镇，众多诉说着往昔的佛教遗迹，旧教派教徒小镇等都是文化遗产的典型代表。

（6）俄罗斯阿尔泰地区旅游资源

俄罗斯的阿尔泰地区，涵盖阿尔泰共和国与阿尔泰边境区，旅游资源得天独厚，兼具丰富性与独特性，始终保留着天然纯粹的原始风貌。自然资源丰富多样，湖泊、高山、原始森林、荒漠一应俱全，长期以来被誉为"俄罗斯最干净的区域"，因无重工业和大型矿业的采掘污染，确保了它的原生态。世界自然遗产阿尔泰山脉、间歇泉湖、全球最深的湖之一捷列茨科耶湖等自然景观闻名遐迩，素有美称的"不冻湖"天鹅湖与"月亮湖"阿亚湖也各具特色。鄂毕—叶尼塞、捷列茨科耶湖、契马尔旅游区、乌斯季科克萨—别卢哈旅游区、乌拉干旅游区等分布其间。别洛库里哈度假村作为著名的疗养院，疗养项目涵盖按摩、皮肤护理、理疗等，满足人们的康养需求。世界最美公路之一的丘亚公路贯穿阿尔泰地区，沿线自然资源风光旖旎，人文资源丰富。阿尔泰音乐喜剧院、巴尔瑙尔山地药学博物馆、苏联著名作家舒申克纪念馆等文化场馆遍布沿线，岩画、古墓群、巨石阵等历史遗迹静静矗立，展现出独特的人文魅力。

六、中俄旅游合作的影响因素分析

（一）政治因素

国家的政策支持以及政府对旅游业的态度直接影响了旅游业的生存和发展，一般来讲，国家支持旅游业，各种政策倾斜或者鼓励，配套完善的法律法规来刺激和规范旅游业发展，并大力完善基础设施如酒店、餐馆、景区等。游客出游的考虑因素之一就是安全性，旅游者期望国家和政府能够确保旅游地安全，营造轻松健康的旅游氛围。如果一个国家存在恐怖主义、战争、犯罪率高等危险，直接影响游客量。由此可见，完美的旅游产品，依靠旅游业各部门不懈努力才能实现，包括旅游公司、航空、酒店、交通、旅游景区等，它们直接高效互动，才能提供高质量的旅游产品，国家必须创造良好的条件来实现企业之间的高效互动。

（二）经济因素

旅游业是一个脆弱的产业，一旦宏观经济不稳定，出现大量失业和通货膨胀，老百姓宁愿待在家里也不愿出去旅游，因此会影响旅游业的发展。反之，当经济迅猛增长，人们生活水平提高，旅游收入也会随之增长。国家经济形势的稳定发展能够提升居民出游的愿望。当经济蓬勃发展、GDP增加，旅游业在国内生产总值占比增大，就会有更多的资金反哺旅游基础设施的建设，同时居民收入的增加，人们出游的意愿强烈，进而推动旅游业的良性循环。在旅游目的地，食品和商品的价格、服务质量、交通便捷程度、基础设施、汇率及外币兑换是否方便等均对游客产生较大影响。随着旅游需求的与日俱增，旅游客车的容量和速度成为旅游业发展的重要影响因素。当地旅游商品的独特性、丰富性也能推动旅游业的发展，满足游客的馈赠亲友、纪念等需求，对当地旅游也可起到宣传作用。

（三）社会文化因素

文化环境涵盖社会阶层、家庭结构、风俗习惯、宗教信仰、价值观念、消费习俗、审美观念等诸多因素。旅游业作为劳动密集型产业，具有重要意义。一方面，其就业门槛低，受经济衰退影响小，能为社会提供大量就业机会，有效缓解当地人口的就业压力。另一方面，旅游业吸引着国内外游客，是创汇的重要渠道，不仅能提高外汇储备、弥补贸易逆差、平衡国际收支，还能刺激其他产业发展，增进国际交流。在此过程中，当地居民意识到历史文化资源的重要性，主动保护民俗资源，从而产生巨大的经济和社会效益，让民族文化得以弘扬。旅游交往还能促进科技与文化的交流，推动学术信息及先进科技成果的转化等。

七、中俄旅游合作的问题及其原因分析

（一）中俄旅游合作存在的问题

1.缺乏对两国市场的研究

中俄旅游合作历史悠久、源远流长。虽然两国旅游合作在稳步向好发展，但依然存在问题。俄罗斯地域宽广，自然景观众多，足以引起中国游客的旅游兴趣。但最大的问题是这些地方旅游基础设施配套不完善，旅游产品不丰富，住宿少且贵。虽然俄罗斯每个城市均富有浓郁的历史文化，但不一定都配备中文或英文导游，这就给中国游客的旅游体验带来较多不便。总体而言，中国游客大多选择俄罗斯的文化和自然景观，俄罗斯游客来中国选择娱乐及文化旅游线路。

2.两国贸易合作中缺乏旅游产品

俄罗斯拥有丰富的传统文化，少数民族众多，民族风情浓郁。中国是古老而伟大的国家，中国的印刷、丝绸、茶叶、风筝等均能够吸引世界游客的兴趣，但两国旅游交往中缺乏对旅游产品的支持，使得旅游产品未能满足两国游客的真正需求。2014年，中国将哈尔滨确定为中俄两国合作的中心城市，大力拓展以哈尔滨为中心，辐射俄罗斯的旅游市场和旅游商圈，不断开拓俄罗斯客源市场，进行各种宣传，开发特色旅游路线和旅游产品。共建"一带一路"倡议提出后，中国与俄罗斯签署协议，最大限度开展双边贸易，不仅有利于中俄旅游贸易的不断增长，更有利于俄罗斯物流产业、国际贸易的全面发展。截至2018年，黑龙江省经过不懈的努力，在中俄旅游合作方面取得良好的收益，以哈尔滨、牡丹江、佳木斯等城市为中

心，以黑河、抚远等口岸为通道，不断推进边境旅游深入发展。陆续推出精品旅游线路哈尔滨休闲游、五大连池疗养游、齐齐哈尔温泉游、兴凯湖度假游、亚布力滑雪游等丰富多样的旅游产品。

3.缺乏旅游服务人才

中俄旅游从业人员处在第一线进行接待工作，其行为规范代表着国家形象，工作水平和服务质量代表了国家旅游服务的水平。从中俄两国旅游人才的培养速度来看，两国旅游服务人员的增速较慢，满足不了中俄旅游市场的发展规模。旅游接待人员，礼貌礼仪是基本素养，还需具备良好的职业道德、丰富的科学文化知识、超强的业务能力、健康的心理素质。中俄旅游市场规模不断增强，旅游接待人员的数量和质量均有待提高，导致中俄旅游市场服务质量问题成为亟待解决的问题。

4.旅游信息交流不畅

旅游信息交流包括电子商务、产品营销、产品创新等，两国人民依靠互联网增进彼此了解，旅游电子商务在两国旅游合作中起着举足轻重的作用，既可以增加彼此旅游信息的了解，也可以从电子平台购买喜欢的旅游产品。

（二）造成中俄旅游合作问题的原因

尽管中俄两国合作历史久远，但旅游合作直至近几年才步入快速发展轨道。在这一发展进程中，难免出现各类问题，分析其背后的原因如下。

1.两国之间举办的旅游交流活动较少

当前，中俄旅游交流活动数量较少，致使两国人民对彼此国家的文化传统、旅游资源以及旅游产品等方面认知不足。长期以来，俄罗斯对旅游项目的投资力度欠缺，旅游发展水平难以满足中国游客的需求。尽管中国游客对俄罗斯传统文化兴趣浓厚，但供需契合度欠佳。而俄罗斯游客对中国传统文化的了解，主要依赖于互联网的零散信息，认知较为片面。这种状况下，中俄亟须大量举办旅游合作交流活动，增进两国人民的相互认知，进而推动各领域的深度交流与合作。

2.两国贸易合作规模较小

中俄两国游客对彼此富含浓郁地方特色的旅游商品兴致盎然，但当下旅游市场却无法提供足够的此类产品，难以契合游客需求。而且，俄罗斯受铁路运输、气候条件、地理位置等因素限制，致使两国贸易合作规模较小。

在铁路运输方面，服务范围仅局限于中俄接壤地区，如新疆、满洲里、新西伯利亚等交界城市，辐射范围十分有限。

在航空运输方面，1999年开通的乌鲁木齐到西伯利亚航线，因运输时间和空间距离短，成为运输贵重货物或保质期短的商品的首选，极大地推动了中俄边境贸易与跨文化交流。但中国铁路建设飞速且质量高，俄罗斯在这方面进度较慢，这一差距在一定程度上阻碍了两国外贸合作迈向更深层次的发展。

3. 旅游服务人才培养不足

在中俄旅游贸易领域，旅游服务人才短缺问题较为突出。旅游从业人员文化水平普遍偏低，服务意识淡薄，双语精通人才匮乏。对比2017年中俄旅游专业院校数量，中国有高等旅游院校1 690所，俄罗斯仅286所，院校数量差距显著。相较于俄罗斯，中国在旅游服务人才的供给上优势显著，旅游服务水平更高，服务质量也更有保障（见图5-23）。

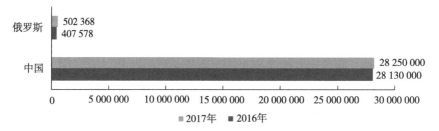

图 5-23　中俄旅游业工作人员数

从两国旅游服务质量角度来看，俄罗斯旅游服务价格高，中国经济发达城市的旅游服务消费水平也很高，两国旅游服务主要问题就是价格问题（见图5-24）。

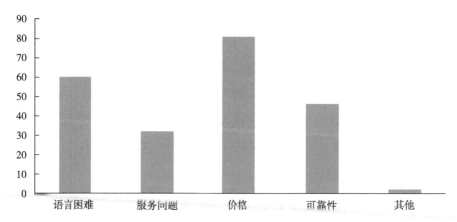

图 5-24　认为旅游服务主要问题的人数统计图

中俄旅游合作中最重要的是提升服务质量，以推动两国旅游业可持续发展。中国的出境旅游处于发展阶段，航线数量不断增加，但是俄罗斯存在入境旅游和国内旅游人数偏低、旅游人才匮乏、基础设施不完善、酒店价格过高、旅游产品开发不足、法律法规不健全等问题。这些因素导致俄罗斯旅游业整体形象不佳，未能在国际旅游者心目中留下美好印象。从20世纪中期，俄罗斯一直致力于积极改善旅游服务水平、不断提升服务质量、重新规划航线来推动旅游业提质升级，同时，俄罗斯应加强旅游立法工作，规范旅游市场秩序，给各国游客提供良好体验的旅游环境。

旅游业如今是中俄经贸合作里最具活力的领域。共建"一带一路"倡议的提出，为各国经济共同发展带来良好契机，有力推动了旅游业的深度合作与协同发展，也为新形势下中俄旅游经贸合作的稳步前行搭建了优质平台。共同繁荣发展是世界各国的共同目标，对中俄两国意义尤其重大。中俄两国拥有丰富多样的旅游资源和悠久灿烂的历史文化，这些都为两国旅游贸易发展筑牢了坚实的资源根基。

4.双方对网络宣传缺少重视

中俄两国旅游业存在宣传短板，既无旅游信息平台，又缺乏宣传渠道，多数游客只能靠互联网查询旅游信息。旅行社对旅游产品宣传投入不足，宣传手段陈旧，难以激发游客兴趣，对游客的吸引力有限。此外，两国旅游企业信息化利用程度低，旅游服务售后不完善，无法为游客提供细致的服务，难以满足游客心理预期，尚未构建起完善的旅游服务体系。

第三节　中蒙旅游合作概况

自2014年中蒙建立战略伙伴关系以来，蒙古国加大旅游宣传力度，中国游客对蒙古国的自然风光和民俗风情热情高涨，中蒙边境游日渐火爆。"第十一届东北亚国际旅游论坛"于2015年在乌兰巴托举行，吸引了大量的中国游客；2015年呼和浩特举办了首届中国—蒙古国博览会；2017年第二届博览会主题为"建设中蒙俄经济走廊，面向全球合作共赢"；2019年第三届博览会继续召开，2019年是中华人民共和国成立70周年，也是中国与蒙古国建交70周年，恰逢中国、蒙古国建立战略伙伴关系5周年，是深入对接中国共建"一带一路"倡议与蒙古"发展之路"战略，稳步推进中蒙俄经济走廊建设的重要举措，意义十分重大，有利于推动中蒙两国朝着积极健康的方向发展，在贸易投资、旅游和文化交流方面创造佳绩。2019年蒙古国接待了53万人次的旅游者，中国游客占30%以上，并贡献了极大的旅游消费力，正因为看到了中国旅游市场的巨大潜力，蒙古国更加大力发展旅游业，中国一直以来都是蒙古国第一大客源国，除了国家层面的政治、经济、文化交流以外，中蒙边境旅游发展如火如荼，特别是与内蒙古开展的口岸边境旅游、自驾游等，丰富了跨境旅游合作的形式与内容，硕果累累。中蒙一直是"万里茶道"的重要成员，在这个国际商道上起着举足轻重的作用。

一、中蒙两国旅游合作的PEST分析

（一）两国合作的政治环境分析

1.友好的国家关系

中蒙两国边境线达4 700多千米，一直以来是友好邻邦的外交关系。自中蒙建交以来，两国在政治、经济、文化等领域的合作不断深化，全面战略伙伴关系的构建，更推动了双方供应链、产业链、贸易投资等领域的合作。同时，两国在很多领域积极合作，如抗击新冠疫情、医疗援助、商业合作等，均有密切的沟通与交流。总体而言，中蒙两国一直秉承互惠互利、平等互信、共同发展的原则，全方位、多领域开展深层次合作。

2.中蒙两国出台边境旅游发展的优惠政策

中蒙两国积极推动双边贸易，出台了一系列政策法规，以此引导旅游业发展。中俄也多次在联合声明中着重指出，要充分发挥两国资源优势，持续强化人才培养与交流，共同谋求发展。为营造良好的边境政治环境，中国制定了相关政策和管理制度，简化出境旅游手续程序，适度调整出境旅游政策和制度，尽可能为游客提供便利。这些有力举措极大地促进了两国旅游业的繁荣发展，带动了双边经济的交流与合作。

（二）经济环境分析

1.两国经贸合作频繁

蒙古国处于中国和俄罗斯之间，三国唇齿相依，密切相连。蒙古国因特殊的地理位置，其经济发展高度依赖与中国和俄罗斯开展的对外贸易。蒙古国曾尝试与欧洲国家建立紧密联系，但都以失败告终。近些年，俄罗斯将发展中心转向东欧，但是由于政治、经济各种不稳定事件的发生，导致关系一直停滞不前。蒙古国是沙漠

戈壁地形，地势独特，既不沿海也不和其他国家接壤，1/3的人口依然过着原始的游牧生活，经济相对落后。2022年蒙古国与160个国家展开贸易往来，增幅近30%以上，出口总额125亿美元，进口总额87亿美元，贸易顺差38亿美元。2022年，蒙古国对外贸易前五位国家分别是中国、俄罗斯、瑞士、韩国、日本，贸易额分别是136.4亿美元、27亿美元、10.3亿美元、6.9亿美元、6.7亿美元。

2.两国经贸联系加强

蒙古国进出口贸易额呈现快速增长的态势，进口额远远大于出口额，呈负增长态势。中国经济发展水平远高于蒙古国，近些年一直是正向发展。双方不断加强交流合作，实现贸易稳定，不断创造外汇收入的增长。

3.深化两国产业领域合作

（1）旅游合作

为了推动中蒙跨境旅游合作，不断推进旅游线路衔接，两国定期召开旅游协调会，逐步塑造了"茶叶之路"特色旅游品牌。开拓了阿尔山—达达勒苏木、呼和浩特—伊尔库茨克、肯特山—富士山等旅游线路，不断拓展了中蒙跨境旅游合作区。在旅游重大活动中，双方都积极参与，如蒙古族服饰特色节日、那达慕大会等，并开通部分旅游专列，有力推动了两国旅游业的深入发展。

（2）物流合作

两国以沿边重点城镇和口岸为核心，持续强化各行业、各领域的交流合作。在石油、木材、矿产、食品、服装、建材等领域开展深度合作。同时，不断推进航空、铁路、公路等物流园区建设，催生了国际物流港，其中二连浩特成为面向蒙古国最大的国际商贸集散地。

（3）农牧业合作

两国持续强化蔬菜、果品等种植基地建设。将果蔬、粮油、牧草以及肉、乳、绒毛等农牧产品相关的有实力、有条件的农牧业龙头企业推出去，参与中蒙各基地建设。

（三）社会文化环境分析

1.民族感情深厚

蒙古国与我国内蒙古情谊深厚，关系紧密。内蒙古的蒙古族和蒙古国的喀尔喀蒙古人同属蒙古族，虽分属不同支系，但在语言、历史和人文领域紧密相连，有着共同的起源，语言文化也高度相似，在诸多方面都有天然的亲近感。

2.人文交流加深

2014年，习近平主席对蒙古国进行国事访问，提出一揽子人文交流计划，把两国民间交往推向高潮。当前，中蒙人员往来密切，蒙古国公民来华主要涉及留学、购物、就医、旅游等活动。如今，蒙古在华留学生人数已超1万人，其中7 000多人享受政府奖学金。在政治、经济、文化等多领域，中蒙两国交流合作日益紧密，携手共进，呈现出良好的发展态势。

3.两国旅游资源相互差异，必有互补

中蒙两国虽为邻国，但旅游资源却大相径庭。在自然资源方面，沙漠、戈壁、草原、森林、湖泊这些两国皆有的景观，却呈现出截然不同的风貌，蒙古国自然资源自带神秘色彩，吸引着众多中国游客前去探秘；而中国底蕴深厚的历史人文景观，也深深吸引着蒙古国游客。再看内蒙古，其现代化的城市建设、独特的草原文化以及完备的游玩设施，对蒙古游客有着强大的吸引力。蒙古国和内蒙古的旅游资源差异显著且互补性强，若将这些资源重组优化，实现优势互补，定能为两国旅游业的深入发展注入强劲动力 。

（四）技术环境分析

1.两国的基础设施建设和接待设施不同

蒙古国的基础设施和接待设施存在不足，游客对当地住宿满意度较低。相比之下，中国旅游接待设施较为完善，如二连浩特有许多带中蒙文字标识的星级饭店，方便两国游客。同时，中国交通条件也在不断优化，而蒙古国交通条件较差，还需持续改进，以提升旅游体验。

2.银行结算渠道

2002年，中国农业银行二连浩特支行与蒙古国贸易发展银行办理了第一笔人民币现钞押运出境业务以来，目前已发展为中国农业银行二连浩特支行等4家商业银行。随着中蒙经贸合作持续深入，服务中心不再局限于结算，业务范围不断拓展，跨境担保、投融资服务、账户结算、银行理财等多元产品纷纷上线。服务中心还在ATM上标注俄文和蒙文，有力地促进了中国银行与蒙古国银行的业务合作，改善了两国游客的旅游体验。中国银行根据蒙古国国情，采用特色经营模式，向当地投资潜力大、融资能力强的企业和大型超市提供资金或贷款支持，助力当地经济发展。截至目前，已有多家蒙古国企业获得中国银行的资助，融资总量超30亿美元。

二、中国游客入境蒙古国旅游概况

2023年，蒙古国接待外国游客超65万人次，旅游业创收12亿美元。回顾2018年，蒙古国旅游业收入约5.69亿美元，入境游客总数约52.9万人次，同比增长58 276人次，增幅达11.01%。在主要旅游来源国方面，游客人数增幅在2.2%～37.2%。其中，中国游客约16.4万人次，同比增长12.1%；俄罗斯游客约12.9万人次，同比增长17.2%；韩国游客约8.4万人次，同比增长10.9%。不过，日本、法国、英国等国入境游客人数呈下降趋势。前往蒙古国旅游的境外游客主要来自中国和俄罗斯，这既得益于两国与蒙古国距离近，也和庞大的游客群体有关。

与2018年相比，2017年蒙古国出入境旅客累计590万人次，同比增长15.2%，增长7.15万人次。入境外国人52.7万人次，同样同比增长15.2%，增长7.15万人次。在入境外国旅客中，中国公民占比37.2%；俄罗斯公民占20.3%；韩国公民占14.1%；日本公民占4.3%；美国公民占3.3%；哈萨克斯坦公民占2.7%；其他国家公民占18.1%。2017年，蒙古国公民出国旅行240万人次，其中180万人次因私出国，占出国人员的73.5%。

在旅游业领域，中国与蒙古国相互成就，贡献突出。特别是中国游客大量涌入蒙古国旅游，为其带来了丰厚的经济收入。到2018年底，蒙古国旅游业带来的经济收益占该国GDP总值的11%，旅游业正逐步成为蒙古国发展的支柱型产业，有力推动着蒙古国经济的增长与发展模式的转变。

三、中国赴蒙古国旅游市场开发现状分析

随着中国与蒙古国旅游业的不断深入发展，当地独特的地形地貌、绚丽多彩的自然资源、丰富多样的民风民俗吸引了大批中国游客前往蒙古国旅游交流，蒙古国成为中国游客优选的旅游目的地。

（一）中国前去蒙古国旅游的人数逐年增加

中国与蒙古国长期秉持友好发展理念，两国游客往来密切，自2011年起至今，游客数量逐年递增。2023年，累计228 929人次前往蒙古国旅游，游客数量增长了78.49%，平均每日接待2 300～2 400人次，中国游客人数位居第二。同时，蒙古国赴中国旅游人数从2011年的46.1万人次变化至2016年的40.4万人次（见图5-26）。在旅游业发展进程中，两国都取得显著进步，实现了合作共赢。

图 5-25　2015 年—2023 年 8 月中国与蒙古国双边货物进出口额

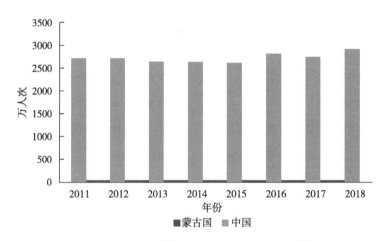

图 5-26　中国与蒙古国两国互访旅游人数统计

（二）中蒙建立旅游合作机制

长期以来，中蒙两国旅游相关部门始终致力于推进合作模式，共同探寻两国旅游业合作的最佳路径。在旅游市场开发、人力资源等领域，双方达成合作协议，构建起旅游合作机制。这不仅为两国公民旅游提供保障，还逐步完善旅游法律法规，给予极大的优惠和便利，大幅增强两国旅游业的吸引力。

蒙古国旅游资源得天独厚，享有"蓝天之国"的美誉。自20世纪80年代起，蒙古国大力发展旅游业，《蒙古发展旅游纲领》成为推动旅游经济的重要政策文件，旅游业也逐渐成为国民经济的支柱产业。中蒙两国频繁的经贸往来，有力推动了旅游业的发展。2003年，蒙古国成为中国公民自费旅游目的地，并签署增开乌兰巴托至北京国际列车的协议；2005年，两国政府签署《关于中国旅游团队赴蒙古国旅游实施方案的谅解备忘录》；2006年，蒙古国再次确认成为中国公民自费旅游目的地。双方在旅游领域持续深化合作，不仅促进贸易和经济发展，增进两国人民的互信，对全球经济发展和安全也有着重大意义。中蒙俄三国定期举行联席会议，如旅游协调例会机制、旅游联席会议机制等，每年轮流举办，三国通过交流互访、共商发展策略，不断推动中蒙俄经济走廊走向繁荣，为地区合作树立典范，在区域经济一体化进程中发挥关键作用，携手共创更广阔的发展前景。

（三）实行旅游合作营销

蒙古国为吸引中国游客，精心规划了一系列独具特色的旅游路线，开发出丰富多元的旅游产品。通过整合双方旅游资源，串联各个景点，进行联合宣传与开发，强化互动交流与合作，实现自然资源与人文资源的紧密融合。同时，加大营销推广力度，提升自然风光游与历史古迹游的影响力，并在旅游线路中融入娱乐、互动、亲子及探险等项目，极大地增强了旅游的娱乐性与趣味性。

2019年，"美丽中国"中国文化旅游推介活动在蒙古国乌兰巴托成功举办，中蒙两国旅游相关部门的重要领导出席。借此平台，双方就旅游业展开深入交流合作。中国通过视频、图片制作宣传片，结合PPT讲解、线路推介等形式，向世界展示美丽山河，助力蒙古国游客更全面、深入地认识中国。同年，"纪念中蒙建交70周年——中国文化旅游之夜"盛大举行，中蒙文化和旅游相关政府部门、大使馆、旅游机构等共同参与，参会人数众多，影响广泛。活动通过宣传片、文艺表演、非遗展示、游客互动等形式，全方位展示中国丰富的旅游资源和深厚的文化底蕴，持续塑造中国旅游品牌形象，提升"美丽中国"的知名度与美誉度，有力促进中蒙跨境旅游的深入发展。

随着中蒙旅游合作持续深化，文旅活动精彩纷呈，两国文化互鉴交融，旅游事业蓬勃发展，不仅为两国人民带来丰富的旅游体验，还为双边关系的友好发展注入新的活力。未来，中蒙旅游合作有望开拓更广阔的发展空间。

四、蒙古入境旅游中国客源市场特征分析

（一）旅游产品

在蒙古国入境中国客源市场中，其旅游产品呈现两大显著特点。一方面，旅游产品丰富多样。蒙古国地域广阔、资源独特，吸引中国游客的或是民风民俗，或是

其神秘魅力。这里的旅游产品涵盖人文环境、风俗习惯、宗教信仰、自然风光、民风民俗等主题，品类齐全，中国游客能依据个人喜好自由组合选购。另一方面，中国游客数量庞大，旅游产品发展空间广阔。近年来，前往蒙古国的中国游客日益增多，大家对蒙古国的风土人情满怀兴趣，对广袤草原充满向往，为蒙古国旅游客源市场奠定了坚实的基础。加之蒙古国旅游资源丰富，有利于打造极具吸引力的旅游产品，如一年一度的那达慕大会这类丰富多彩的节事活动，总能吸引世界各地游客慕名而来，未来旅游产品的拓展潜力巨大。

（二）项目价格

赴蒙古国旅游的花费主要集中在旅游产品、交通住宿、购物以及饮食等方面，呈现出以下特点。第一，蒙古国旅游价格亲民。由于其整体消费水平低于中国，游客前往蒙古国旅游经济压力较小，能轻松享受旅行乐趣。第二，蒙古国为吸引中国游客，精心推出包含酒店住宿和交通等费用的旅游路线与产品，价格实惠，游客无须自行预订酒店，出行也更便捷，极大满足了游客需求，让人省心又省力。第三，蒙古国在旅游线路设计上十分贴心，多数旅游景区旁设有大型购物商场，提供毛毡、地毯、奶酪等特色商品。各景点与供应商达成合作，为游客提供高品质旅游商品。这种合作模式不仅提升了蒙古国旅游商品的销量与知名度，还方便中国游客以实惠的价格买到心仪的商品，充分满足了游客的购物需求，实现了互利共赢，也为旅游体验增添了更多乐趣。

（三）分销渠道

蒙古国针对中国游客的分销渠道有两方面的特征。一方面，在中国境内尤其是大中城市设立旅游办事处与咨询处。这便于大量中国游客出行前咨询了解，同时办事处提供旅游服务、路线及产品。其最大的优势在于，能让中国游客与蒙古国旅游接待人员直接沟通，高效且全面地知悉相关旅游产品，为出行做好充分准备。另一方面，中蒙两国旅行社长期合作，将旅游产品和服务信息发布在旅游网站上。中国游客计划赴蒙旅游时，可通过"美团、大众点评、去哪儿"等App平台搜索，轻松获取实用信息，便捷地规划行程。

（四）促销方式

蒙古国游客入境中国市场，在营销推广上呈现两大显著特征。一是广告营销。

蒙古国旅游公司频繁在众多中国知名网站投放广告，这些网站受众广泛，宣传效果良好。尽管中蒙两国语言不同，但在自然环境、历史人文等方面存在诸多相似之处，中国游客对蒙古国的自然风光和原生态民俗兴趣浓厚，向往其独特的自然之美。所以，蒙古国的广告投放能在中国收获积极反响，成功吸引中国游客的目光。二是关系网营销。中国地域辽阔、人口众多，客流量庞大。那些去过蒙古国旅游的中国游客，凭借亲身经历向身边人进行口碑宣传，这种方式极具说服力，推动了蒙古国旅游业发展。鉴于此，蒙古国高度重视中国游客在蒙旅游期间的体验，全力提升旅游服务质量，从行程安排到景点游览，再到住宿餐饮等各个环节，都力求让中国游客满意。每一次优质体验都能转化为对蒙古国旅游业的有力推介，进一步拓展中国客源市场。

第四节　中蒙俄旅游发展概况

一、中蒙俄合作发展的基础与挑战

（一）基础条件分析

1.地缘政治基础

中蒙俄具有天然亲密的地缘优势，地理位置相邻且关系密切、唇齿相依。从2014年起中蒙两国建立了战略伙伴关系，在很多领域达成了共识，如文化、军事、贸易、科技等，展开了多边合作，形成了坚固的双边合作关系。随着中蒙俄领导会晤频繁，使得三国关系日益密切，政治合作进程加快、经济共赢局面显现，在文化、科技、军事等领域的共识日益增多。三国的发展历程有着较高的相似度，政治稳定、经济繁荣、人民安居乐业。

三国唇齿相依的地缘特征使得彼此在政治、经济、文化、贸易、科技等领域有着千丝万缕的联系。蒙古国是地理位置特殊的内陆国家，在中俄战略关系中有着重要的枢纽作用，三国在科技、军事等领域的深度合作，能够为彼此拓宽外贸通道，互通有无、取长补短，在资源开发、经济发展、生态保护、能源供给等方面相互支持，有效促进三国经济的长足发展。

2. 资源环境基础

中蒙两国的资源各具特色，尤其是在能源储备方面互补性极强。蒙古国自然资源储量高、品质好、种类多。矿产资源极为丰富，达80余种，有6 000多个矿床，资源储量在500亿吨以上，位居全球前列的矿产资源以煤、铜等为主。目前已经完成勘探的矿床达330个，正在开采中的矿床达150个，很多还未进行开发。蒙古国矿产业一直以来处于混乱状态，存在开采规模小、开发水平低、技术落后、机制不健全等问题，使得矿产业长期处于停滞不前的状态。中国经济发展速度快、技术先进、有相对完善的运行机制，与蒙古国形成互补，形成协同发展。最终实现既推进蒙古国的经济发展，又能优势互补，还满足两国人民和经济发展需求，前景甚好。

中国与俄罗斯在矿产与能源方面互补性很强，俄罗斯自然资源储量大、种类多，在世界上处于领先的地位，如石油、天然气、木材等。中国人口众多，能源消耗大，但随之而来的是环境保护问题，给国人带来了巨大的压力。俄罗斯作为全球最大的天然气、石油等出口国，资源和贸易长期处于领先地位，对中国的贸易发展起到了很好的推动作用，恰好解决了中国对于能源的极大需求，有利于中国经济实现转型升级。以前俄罗斯的能源主要输出到欧洲，欧洲是其最大的能源消费国。但是近些年欧洲市场需求下降，加上西方国家对俄罗斯实施经济制裁和能源管控，迫使俄罗斯寻求其他出口来解决能源贸易问题。在此背景下，中国成为俄罗斯的重点合作对象。

3. 经贸合作基础

中蒙俄长期保持着良好的经贸关系，基于产业发展、资源基础等方面的高互补性、高差异性，使得能源开发方面互相支撑，共同发展。中国的经济产业在各方面快速发展，特别是轻工业质量好、产量高、口碑好，完全可以满足中蒙俄三国居民的消费需求。中国对于蒙俄而言是非常重要的贸易合作伙伴，中国在资金、技术、人力等方面均能给蒙俄提供大量援助，帮助其实现经济转型。中蒙俄在经贸方面的优势互补、协同发展，有效地推动了区域经济的增长，形成结构合理、丰富多样的合作模式，三国协同发展，共同推动跨境贸易经济的繁荣发展。

中蒙俄三国长久以来有着坚实的合作基础，潜力巨大。在贸易领域、资源开发、人才培养、基础设施等方面有着密切的合作。中俄一直保持着紧密良好的战略合作关系，中国是俄罗斯第一大出口市场和进口来源地，在中俄边境城市，经常能看到大量俄罗斯居民前来购买生活必需品。2023年中俄边境贸易额达2 401亿美元，在农产品、高科技产品、服务贸易等方面需求较大。俄罗斯与蒙古国也是亲密的合作伙伴，2022年蒙俄贸易额达26亿美元，增长42%，两国合作的领域主要在食品、矿产、金属、化妆品、机械等，而且在能源、运输、制造业、重工业等方面也有深度合作，前景光明。中国在很多方面能够全面有效地帮助蒙俄发展，特别是在人力、资金、资源、技术等方面，有效地帮助蒙俄共同进步。由此可见，三国各有优势，在很多领域可以优势互补，协同发展，促进三国长期繁荣发展。

4.基础设施基础

中蒙俄三国在基础设施建设方面存在巨大的合作需求，俄罗斯的跨欧亚大陆桥全长13 000千米，始于符拉迪沃斯托克，横跨满洲里，穿过西伯利亚大铁路，直达莫斯科，沿途经过7个国家，是俄罗斯长期开展海运联运的重要通道，具有重要的战略意义。俄罗斯将建设国际运输走廊，从波罗的海、巴伦支海到波斯湾和印度洋，将这一条通道无缝衔接，同时建设与中央交通枢纽相连接的高速铁路线，提高俄罗斯的运输能力，不断完善铁路网，加强与中蒙的贸易合作。

蒙古国的铁路干线主要连接的国家就是中国和俄罗斯，其中，中俄间的重要过境通道是二连浩特至扎门乌德，还有中央铁路和乔巴山铁路都是重要的铁路通道。2022年高速公路AN-4开通之后进一步加强了中蒙俄之间的陆路货物运输载量。蒙古国非常重视通过铁路建设推进"新复兴政策"，计划将现有的中部铁路建设成复线铁路，再新建4 600千米以实现"三纵（东部、中部、西部纵贯）、一横（靠近蒙中边境省份连接主要矿区）"，最终实现铁路线路网络畅通，与中国、俄罗斯全面联通，推动贸易合作的进程。蒙古国的铁路建设计划能够极大地改善本国基础设施现状，将中蒙俄经济走廊推向新进程，对于增加就业、吸引投资、提升出口贸易等起到良好的助推作用。

中国铁路建设迈向新征程，加速了中国经济高质量发展。我国"八纵八横"高速铁路网主通道的建设实现了相邻城市之间1～4小时的交通圈，带动了区域内人才、技术、资金、信息等的高效流通，加快了市场经济的建设步伐。同时，降低了要素的聚集成本，提高了高铁新区空间重构，优化了空间布局。随着城际交通圈网络系统的不断完善，各产业链、供应链随之丰富且孕育了新的商机，新的空间和新的机遇。2023年投入使用的连接中国与蒙古国的铁路——策克口岸与西伯库伦口岸发挥了重要作用，5条专用轨道运输煤矿，提高运煤能力，也是蒙古国唯一的一条铁路轨距1 435毫米的铁路，为中蒙两国贸易新通道的建设提质助力。由此可见，中国的铁路设施建设从"走得了"到"走得好"，实现了质的飞跃，体现了我国运输市场的高效化、便利化、信息化程度，真正展现了交通强国的样板和决心，也为中蒙俄经济走廊的发展做出巨大的贡献。

5.人文交流基础

中蒙俄三国在文化理念、文化资源、文化认同、文化思维等方面均有很大差异。三国之间有着深厚的文化底蕴和源远流长的传统，在民风民俗、信仰习俗等方面既有重合又有迥异。近几年三国在文化交流活动方面下足了功夫，举办了形式多样的活动来增进人文交流，如留学生互访、文化考古、文化年活动、互派教师等，彼此的了解和信赖与日俱增。

中俄两国持续开展健康有序的人文交流活动，在留学生互访方面成效显著。中俄两国在政治、经济、文化等方面的务实合作不断深化，推动了留学生互访的规模和意愿持续增加，带动了留学生的就业前景。目前，中国有250多所高校接收俄罗斯留学生，其中东北、北京、上海等地的高校尤其受到俄罗斯留学生青睐。他们来中国高校深造的主要专业是汉语言文学，还有工商管理、法律、医学、教育学、文化艺术等。当前，留学生呈年轻化趋势，许多俄罗斯小学生开始学习中文，甚至来中国进行研学旅行，参加各种人文活动，如"中国年、文化节、艺术节"等，增加了两国年轻人的交流，同时将中国文化更好地传播至海外。频繁的人文交流得益于中俄两国关系高质量发展，中国"一带一路"倡议的提出，俄罗斯"向东看"的战略，都加速了中俄在各领域的深度融合，是中国理想的合作伙伴。经贸等领域的深化发展催生了对人才需求量的激增，使得赴俄罗斯和中国留学的学生日益增加且就业前景良好。

中蒙两国近些年的人文互动频繁，教育成为构建中蒙两国全面战略伙伴关系的重要纽带，是推动中蒙繁荣发展的引擎。秉承互利互信、合作共赢的原则，中蒙两国在教育、人文等领域开展了全方位、多层次、立体化的深度合作，并取得显著成效。高校留学生互访人数增加、产学研合作加深，互相学习教育理念、教育方法和手段，为"一带一路"建设培养更多优秀的人才，推动中蒙两国人民友谊长存，真正实现以教育为引擎，带动各领域互联互通协同发展。

（二）面临的挑战

1.地缘政治关系要保持稳定性

中蒙俄三国的政治体制、管理方式存在较大的差异，使得国内政治、经济环境随之波动，合作进程受到一定程度的影响。构建稳定增长的中蒙俄经济走廊，要减少各国之间在国家战略方面的分歧和矛盾，求同存异，最大限度实现协同发展，为三国提供安全稳定的政治环境。

2.资源环境合作存在诸多限制性因素

蒙古国由于特殊的地理环境和气候条件，使得资源开发进程缓慢、经济基础薄弱、自然环境恶劣。蒙古国以沙漠和戈壁为主，气候条件为多风沙、降水少、温差大。极度缺水的现实，使得水资源严重匮乏，而其矿产资源却极其丰富，这就导致矿产资源开发程度低、利用率严重不足，制约了国家现代化发展的进程。随着蒙古国经济的不断发展，对水资源的需求日益增加，二者的矛盾愈加凸显。矿产资源的开发导致越来越多环境污染问题出现，生态环境破坏程度愈加不可逆，成为亟待解决的重要课题。俄罗斯是一个能源储量丰富的国家，拥有丰富的煤炭、石油和天然气等能源，在世界上的储量位居前列。但是中俄在能源价格方面还存在一定的分歧，中国希望在能源方面获得一个相对公平合理的价格，想要获取俄罗斯对中国天然气的供应，以减少煤炭供给能源造成的生态环境污染问题，但是中国给出的能源价格与俄罗斯的期望值存在差异，分歧依然存在。随着中国经济高质量发展的进程加快，对安全能源的需求日益增加，中俄特殊的地理位置形成了密不可分的合作基础。对于中国而言，俄罗斯在能源安全和能源供给方面有着举足轻重的地位。中俄两国在能源合作方面由于缺乏良好的价格机制，使得双方的合作未能深入有效，缺乏相关的法律和责任机制等来更好地推进合作进程，这是急需解决的问题。中国人口众多，能源需求量大，但能源储量远远低于发达国家，特别是石油、天然气等能源的需求与供给缺口较大。虽然中国有规模较大的能源企业，如中国石油、中国石化等，但是其规模和产能都无法与世界级企业抗衡，与俄罗斯的石油企业也无法媲美。中国石油在国际的地位仍需不断提升，而石油是不可再生性资源，中国只有更好更高效地开发利用石油资源、与国际企业广泛合作来改变在石油能源方面的被动局面。

3.经济贸易结构有待调整和完善

中蒙俄长期以来的贸易合作结构单一、深度不足，仅在商品贸易和能源、原材料等方面有一定的合作，其他领域涉猎较少，合作的方式与类型局限性大，缺乏多元化。中蒙两国经济发展水平、资源开发程度等方面存在显著差异，表现在双方贸易合作的重点依然围绕矿产资源领域，下一步要重点开发其他领域的深入交流与合作，不断加快在铁路、公路、口岸等基础设施建设方面的合作，加大资源开发利用，扩大双方的合作规模。中俄在能源贸易领域合作频繁，成效显著，但是在能源技术、能源安全领域的合作较少，这将成为未来合作的重点方向。2024年中俄贸易额再创历史新高，达2 448.195亿美元，同比增长1.9%。中俄两国在推动"一带一路"发展进程中发挥着重要作用，今后要加强在加工制造业、物流运输、消费品等方面的合作，推动两国贸易合作的纵深发展。

4.基础设施尚不能有效对接

中蒙俄三国由于经济发展水平、能源结构等方面存在较大差异，导致在基础设施建设方面投入力度不同，贸易水平迥异。俄罗斯最大的问题就是铁路运输效率低、基础设施落后、周期长，亟待改善交通运输、电力通信、管道运输等来提升贸易水平。俄罗斯尚未形成合理均衡的交通运输体系，特别是公路建设方面投入不足，水运、货运等运力不足，资金投入、人力投入、技术投入等较少，与中蒙交通体系连接性不足，尚未形成统一体系，发展进程缓慢。蒙古国在通信、供电、交通等方面较落后，铁路覆盖率低、货运能力弱、运输里程短等问题一直困扰着贸易合作进程，特别是蒙古国采用的是宽轨标准，这无疑增加了合作难度，降低了合作效率。加之蒙古国公路基础设施常年失修，非常落后，路况极差，直接降低了资源的输出；电力基础设施同样落后，发电能力不足，影响了资源的有效开发；电信业投入不足，覆盖率较低，发展不均衡。因此，中蒙俄三国在基础设施方面的差异降低了合作进程，蒙俄基础薄弱的现状直接阻碍了互联互通的实现。

第六章

"万里茶道"中蒙俄旅游合作的影响因素分析

第一节　中蒙俄旅游合作的基础要素支撑体系

波特认为要素条件是指一个国家发展所具备的基本条件，是某一行业参与市场竞争所必须具备的生产要素集合，包括人力资源、资本资源、自然资源、基础设施、技术资源等。当前各国服务贸易发展的类型主要包括两种：技术密集型和资本密集型。于是，服务贸易国际竞争力的影响因素主要是人力资源、知识资源、资本资源。旅游业是生产要素密集型行业，也是朝阳产业，不仅包括初级生产要素，如自然旅游资源、人文旅游资源，还包括高级生产要素，如基础设施建设、人力资本、知识资本等。因此，旅游业的高质量发展，会极大程度影响服务贸易的进程，起到至关重要的作用。

一、初级生产要素

中蒙俄三国接壤相邻，资源独特且有很大的互补性，既可以利用相似的资源开发系列产品产生集群效应，形成品牌，又可以利用迥异互补的资源开发不同的旅游产品，实现区域联合，合作共赢，实现资源的优化配置。三国拥有典型的自然资源和人文资源，如浓郁的草原文化、欧洲文化、东方文化等，绚丽多彩的文化交织成魅力无穷的人文资源，形成良好的人文氛围，提升旅游体验。但是三国在旅游资源开发方面未能深入合作，旅游产品结构单一，资源优势凸显不足，资源开发效率低下，如何有效开发成为三国今后合作的重点。

二、高级生产要素

高级生产要素是具有不可替代性且由社会和个人发展创造的资源，直接获取较难，依靠自己独立创造才能实现，如知识资本、基础设施、人力资本等，均需要随着社会发展不断创造更迭。

（一）基础设施

基础设施的互联互通是"一带一路"建设中非常重要的前提和基础，在旅游业发展过程中，基础设施建设包括配套设施、景区设施、公共交通、旅游服务等，任何一个环节出现纰漏均会影响旅游业的发展和游客的体验质量，对三国跨境旅游融合发展产生阻碍。目前，中蒙俄三国旅游业发展速度较快，但是基础设施配套不完善，滞后于旅游业高质量进程，阻碍了旅游业深度融合发展，与美国、日本、韩国等发达国家高速发展的旅游业及完善的配套设施相比，还存在一定的差距，直接影响了旅游目的地品牌形象。如日本，虽然国土面积小、历史古迹少，但其旅游服务配套极其完善，服务质量很高，游客的体验感非常好，极大地提高了旅游竞争力。游客所到之处不仅游玩设施先进，而且公共服务配套完善，为游客提供了安全、放心、舒适的旅游环境，为旅游活动保驾护航。在日本和韩国的旅游街区、机场、码头、商业街等遍布旅游咨询中心，随时随地为游客提供服务，看似简单的配套设施，却给了游客满满的安全感和幸福感。虽然中蒙俄拥有独特的旅游资源，风格迥异，极具魅力，但是因缺乏完善的公共服务配套体系而降低了三国旅游竞争力。

（二）人力资本

人力资本是各行各业取得胜利的法宝，是核心竞争力的集中体现，特别是旅游业发展过程中，更离不开优质的人力资本提供服务。一般来讲，人力资本的差异体现在两个方面：质量和数量。旅游服务质量的差异主要源于人力资本的质量差距，要想实现旅游贸易质量的提升和理念的创新，必须依赖人力资本质量的提高，才能形成旅游竞争力，是旅游业发展中不可或缺的重要因素。对旅游人才的培养以往更多关注的是能够掌握某国语言、熟悉当地自然资源和人文资源、了解民风民俗、熟知宗教信仰文化等，能够生动、形象地介绍当地的人文知识、景观概况、风土人情等，为游客提供细致周到的旅游服务。中蒙俄跨境旅游恰恰缺乏精通三国旅游资源、民俗文化、宗教信仰的人才，缺乏熟知"一带一路""万里茶道"相关历史知识且精通三国语言的人才，在跨境旅游服务中未能提供细致周到的服务，无法将三国灿烂悠久的文化传播出去，未能有效提升三国服务贸易竞争力。由此可见，跨境旅游中专业知识丰富的人力资本是确保旅游品牌塑造的重要法宝。

三、国内旅游需求

旅游需求是旅游业发展过程中需要重点关注的问题，体现在旅游者对旅游产品、基础设施、旅游景区、旅游服务等各方面的需要。旅游业的发展有赖于旅游需求的增长，通过不断满足旅游需求而加快旅游业发展进程。旅游产品只有不断满足游客需求，才能越来越完善，企业才能不断提升自身实力、站稳脚跟，在技术、服务、质量等方面全面提升以满足需求的增长。

（一）市场需求

旅游市场需求是指居民对旅游产品的现实支付能力和潜在购买力的总和，主要通过观测国内旅游总收入、旅游总人次等指标来全面衡量。旅游业的发展规模与进程，受到多方面因素的影响，包括消费者的购买力、旅游需求、市场类型、旅游产品、旅游服务等。旅游市场需求具有整体性，包括对食住行游购娱等要素的需求，也包括对旅游活动的体验度、服务质量的感受度等。旅游市场需求具有多样性，因为游客来自世界各地，在人生经历、文化水平、经济条件、喜好程度等方面均不同，表现出的旅游需求千差万别。当前为了满足游客的多样化需求，推出了自助游、生态游、探险游、散客游与半自助游、短线游与长线游等形式多样的旅游方式，特别是乡村旅游、工业旅游、农业旅游等备受游客青睐。依据发达国家旅游业的成功经验可知，先做强国内市场，再做好国际旅游和跨境旅游，持续扩大旅游市场辐射范围，形成品牌效应。中蒙俄三国由于跟美国、日本等旅游业发展较快国家相比差距较大，因此，只能优先发展入境旅游，将入境旅游做大做强后，再走向国际市场，同时受到经济水平、心理因素、客观因素等制约，仍需下功夫。

（二）服务质量需求

中蒙俄旅游业的发展已经达到了一定规模，在国际市场也有一定的竞争力，但是与美国、日本、澳大利亚等发达国家旅游业相比仍差距较大。只有不断满足游客的旅游需求，才能不断提升旅游企业的产品质量和服务水平，促使产品更新换代加速，经营理念革新。从中外旅游者需求来看，中国旅游者维权意识、心理成熟度、挑剔程度等相对较低，而发达国家旅游者恰好相反，他们对服务质量要求高，较挑剔，推动了旅游服务质量的不断提升。我国很多旅游者持有"到此一游"的消费心理，对旅游产品、旅游线路、旅游企业创新等推动力稍显不足。

第二节　中蒙俄旅游合作的协同发展动力机制

一、旅游相关及辅助产业

旅游业与其他各行各业关联度高，如银行、餐饮、娱乐、保险、住宿、交通等，旅游业的带动效应明显，一旦释放出产业协同效应，形成集群优势，将对经济发展起到助推作用，为旅游业保驾护航，实现多赢。旅游产业与其他关联产业的密切合作，能够起到互补、拉动和提升作用，影响深远。在中蒙俄跨境旅游发展中，许多因素交织繁杂，影响三国的进程，主要表现为交通运输和住宿餐饮的制约作用较明显。

（一）交通运输业

交通运输是国民经济和社会发展的基础，不仅影响经济发展速度，而且影响老百姓的生活质量，事关民生问题。旅游经济发展程度越高，对交通运输的需求就越大，二者相辅相成。因为旅游的本质就是离开常住地到异地的空间距离移动，完成该空间距离移动取决于移动速度的快慢和时间长短，直接影响旅游者的决策行为。如果旅游目的地拥有极富吸引力的旅游资源，但交通不便，需要旅游者长途跋涉进入，甚至涉险进入，路途时间长，那么旅游资源的吸引力就会大打折扣，旅游者的消费意愿降低。因此，旅游交通当务之急是要完善基础设施建设，缩短路途时间，为游客的出行提供便利和舒适，提高旅游体验的满意度，吸引更多游客前来，既增加了旅游效益，又提高了旅游设施的利用率，对旅游目的地经济效益和社会效益起到很好的助推作用。"一带一路"建设过程中最重要的任务就是完善交通运输，加强基础设施建设，促进旅游合作进程。近年来，我国在铁路、公路、航空等方面加大投资力度，基础设施完善程度以及运输能力都得到显著提升，极大地方便了游客的出行，旅游体验感越来越好，特别是中国高铁的建成，彰显了中国速度。即便我国高铁建设速度和规模日新月异，遇到节假日高峰期，依然一票难求，交通运输能力堪忧，使得服务质量和服务水平未能配套，旅游投诉增多。

中蒙俄在跨境旅游发展进程中不断提升交通运输能力，近些年不断有新的航线飞往各大城市，提升运力，如北京到莫斯科、圣彼得堡、乌兰巴托的航线；沈阳飞伊尔库斯克的航线等，极大地方便了游客的出行，助力三国文化交流。当前，中蒙俄三国铁路轨道尚未实现统一，公路等级较低，航班数和航线依然未能满足游客的需求，很多城市没有机场，游客需到邻近城市搭乘飞机，造成诸多不便，交通网络的不完善亟待解决。反观发达国家的交通网络系统相对完善，铁路公路数量多、等级高，为游客提供了良好的体验感，减少了旅途时间。由此可见，跨境旅游的发展需要配套完善的交通运输网络体系作为支撑。

（二）餐饮住宿业

中蒙俄跨境旅游合作势头良好，实现了质的飞跃和转型，但其发展受到多种因素的影响，波动较大，餐饮和住宿是游客出行必需的两大要素。酒店不仅是游客在旅途中休息的场所，更是一个综合体的体验场所，包含餐饮、娱乐、休闲、购物、商务等功能，一应俱全，是一个能够带给游客全方位舒适体验的空间。于是，情绪旅游呼之欲出，成为当前旅游市场新的关注点，特别是年轻游客已不再满足于传统走马观花似的游览方式，他们追求沉浸式体验，追求品质和体验感。许多旅游目的地推出了精彩绝伦的演艺、展览、美食节等项目，吸引了无数游客前往，如山东"淄博烧烤"、西安"长恨歌"等。根据携程旅行统计数据显示，展览类门票的增长高达414%，绝大多数是"95后"游客，可见年轻人对于情绪旅游与体验式消费比较热衷，这也为旅游市场开辟了新的发展方向。我国酒店业的发展呈现快速增长态势，由"金字塔型"向"橄榄型"转变，酒店业的经营管理趋向成熟，升级换代速度加快。2024年全国有34万家酒店，规模大、业态全、高星级酒店数量日益增多，适应了游客对高质量旅游体验的需求。

俄罗斯酒店业的发展也很快，有15 000家餐饮企业和7 000多家酒店，每年市场增长率达10%，政府有专门用于酒店发展的专项资金，每年高达6亿卢布，为餐饮企业的发展注入强劲活力。近些年中国游客赴俄旅游人数增长较快，有免签政策的支持等，带动了俄罗斯旅游业的发展。但是俄罗斯政府对于旅游业的营销力度不足，未能像泰国、韩国大力扶持旅游业，配套设施也不够完善，比如在俄罗斯很多酒店里的电视等设备非常陈旧，设备老化、升级换代缓慢等影响了游客的入住体验。俄罗斯也在不断对旅游产品进行升级完善，从政策、产品、设施、服务等方面不断提质增效，以吸引更多的游客前来。

蒙古国的酒店业近些年发展较快，从传统毡房到现代酒店，都发了重要变化。乌兰巴托集中了该国各类型、各等级的酒店，服务于不同阶层、不同收入水平的群体，既有国际豪华酒店，也有经济型旅馆。随着生态旅游和乡村旅游的兴起，一些规模较小、业态简单的客栈和家庭旅馆随之兴起，满足游客的需求。但是由于蒙古国气候条件的制约，使得季节性较强，夏季和秋季是旅游旺季，特别伴随着一些大型文化节等活动的召开，如那达慕，酒店业需求暴增；而到了寒冷的冬季，恶劣的天气使得旅游业也陷入了寒冬，入境游客锐减。这种季节性变化使旅游业不得不思考，如何能够灵活应对淡旺季的反差以平衡收支。蒙古国酒店业的另一个特色是非常注重文化体验，很多酒店装饰风格以蒙古包等民族风情特色为主旋律，提供蒙餐、蒙古舞表演、马术活动等，让游客亲身感受"马背上的民族"文化，提高了旅游体验感，给游客留下深刻的印象，这也成为蒙古国酒店业的特色之一。

二、旅游企业战略和竞争机制

旅游业要想形成竞争优势必须有良好的企业管理而形成的综合竞争力，发展战略完善，在市场竞争中处于优势地位，对人才吸引力大，产品不断进行升级换代、创新发展。

（一）企业经营战略

旅游企业是旅游业参与国际市场竞争的主体，有着举足轻重的地位和作用。其中，旅行社是非常重要的旅游企业，扮演着重要的桥梁角色，在旅游活动中是执行者和组织者。旅行社的发展规模、管理方式、营销宣传、战略执行等方面均会影响旅游业的发展进程，同时也会影响游客的旅游体验。随着游客对旅游品质的要求越来越高，旅游企业之间的竞争愈加激烈，旅行社的运作方式和经营方式均向着品牌化、特色化、专业化、精细化发展，更加贴近游客的现实需求，以提供最美景色、留下最好体验为宗旨。中蒙俄三国的旅行社数量虽多，但存在规模参差不齐、合作机制不健全、经营方式较混乱等问题，品牌效应未形成，具有国际影响力的企业匮乏，服务水平和服务质量未能满足游客的需求，很多旅行社存在价格恶性竞争而导致服务质量缩水等现象，阻碍了旅游业高质量发展。

（二）创新和竞争机制

旅游业的发展同样需要注入新的活力，不断进行产品革新与创新，才能保持持久的竞争力。旅游企业需要紧跟消费需求，不断开发创新旅游产品，融入前沿技术，合理有序的分工合作才能提升国际竞争力，形成协同效应，构建健康有序的经营环境。中蒙俄三国旅游市场的发展，虽然已经有了长足进步，但开发程度依然有限，未能在国际市场形成竞争优势，品牌资产较小，应对国际风云变幻的能力相对较弱。旅游企业和其他企业最大的不同是，及时进行产品和技术的创新也无法保护自己的权益，其他企业完全可以效仿，使得企业投入产出严重失衡，削弱了企业进行创新改革的决心和动力，积极性不足，带来的结果是旅游服务水平、旅游产品质量等提速较慢，使行业发展陷入低水平循环而难以突破。

三、政府的辅助作用和机遇

（一）政府政策

政府在旅游业的发展中扮演着非常重要的角色，是保障旅游业健康有序发展的基石，如为旅游企业注入资金、人才保障、政策扶持等。旅游市场秩序是否健康有序，需要政府出台相关的法律政策来规范，确保形成良性竞争的态势。日本、美国、韩国等国家旅游业的发展较成熟，旅游企业经验丰富，它们采取的是"政府主导型"发展战略，旅游活动的政策、基础设施建设、旅游营销活动、人力资源引进、区域合作等，均受到政府的管理和调配，影响较大。我国政府高度重视旅游业，出台一系列政策法规来为旅游业的发展保驾护航，规范旅游市场，目的是保障游客的合法权益和获得良好体验的同时，将旅游业打造成国民经济的支柱产业，成为融合现代信息技术的服务业。我国政府通过一系列政策措施推动旅游业高质量发展，推动供给侧结构性改革，不断深化国际合作，加强市场监管力度，带给中外游客美好、安全、多彩的旅游体验，实现旅游经济的提质增效。

蒙古国政府高度重视旅游业的发展，在资金、政策、人才等方面予以支持，作为国民经济支柱产业来推动发展，不断扩大国际影响力。俄罗斯政府一直以来将旅游业视为经济新的增长点，不断开拓新的项目来推动旅游业的发展，如建设度假胜地、更新旅游装备、推动数字化服务、培养专业人才、加强基础设施建设等，构建全面化、系统化、综合型的布局体系，以此来提升俄罗斯旅游业的整体竞争力，希冀在国际市场能够赢得一席之地。

中蒙俄三国在经济走廊的建设中有着举足轻重的作用，是"一带一路"节点上的重要国家，为互联互通、产业合作、区域联动等做出了巨大贡献。

（二）机遇与挑战

中蒙俄三国自加入世贸组织后，紧抓发展机遇，不断扩大开放程度，壮大入境旅游市场，吸引海外资金注入旅游市场，不断增强实力，同国际接轨。随着国际化程度的提升，在旅游基础设施建设、旅游线路优化、旅游企业提质等方面，将跨境旅游提升至新的高度。与此同时，国际企业越来越多地参与到竞争中，形成良性竞争的状态，机遇与风险并存。三国追求区域合作的目标是一致的，政治氛围良好。但随着中美、美俄之间国际关系的博弈，美国会加大对蒙古国的影响来平衡和制约中俄，如何在寻求政治合作的同时减少因博弈带来的不利影响，尽可能求同存异成为中蒙俄三国在今后发展中面临的挑战。

第七章

中蒙俄旅游合作中存在的主要问题

第一节　基础设施与资源整合短板凸显

通过分析中蒙俄三国旅游业的发展现状，能够看到政府在其中的作用和影响持续增加，三国旅游业的合作达到了前所未有的高度，前景广阔。但是在很多领域，还未能达成一致，仍存在较大亟待解决的问题。深入剖析三国旅游业面临的问题，更好地采取有效措施实现跨越式发展意义重大。

一、基础设施尚不能有效对接

中蒙俄三国的基础设施建设仍然滞后于产业发展的进程，配套设施不完善，不利于三国旅游文化交流活动的开展。众所周知，基础设施在旅游业的发展中起决定性作用，是旅游活动顺利开展和良好旅游体验获得的基础，是跨境旅游顺利进行的前提。中蒙俄三国在很多环节未能有效衔接，如交通运输中的铁路，电力设备，公路等级、航线数量等都无法满足当前跨境旅游高涨的需求，亟须增加运力来缓解当前的矛盾。但是基础设施的投入具有资金多、周期长、回收慢的特点，需要三国政府长远规划，持续不断地进行投入建设方能显效。

目前，中蒙俄三国的基础设施建设的步伐已经落后于旅游发展的进程，许多问题已经凸显，必须尽快解决，如基础设施陈旧老化、设施设备维护不及时、航线少、费用高等。俄罗斯与欧亚之间的通道运输能力较弱，电网未能实现标准统一，信号质量较差，建设进度严重滞后。蒙古国铁路建设里程短，货运能力弱，关键是采用宽轨铺设，轨道不统一导致货运能力提升较慢，阻碍了运输业的发展。蒙古国在公路建设方面投入不足，如建设进程慢、路况差、路途时间长等，均阻碍了两国贸易发展的进程。因此，中蒙俄三国当前只有解决了基础设施薄弱、运输能力较低、发展速度缓慢等问题，才能为三国跨境旅游的健康持续发展保驾护航。

二、沿线资源分散，缺乏规划定位，资源整合和品牌塑造难度大

众所周知，文化资源运用得当能够产生裂变效应，前提条件必须是得到正确的保护、开发、传承、整合。中蒙俄三国拥有绚烂多彩的文化旅游资源，富集了草原

文化、冰雪文化、佛教文化、民族文化等，在世界享有盛誉。中蒙俄经济走廊既是经济发展大通道，又是文化走廊，产业形态各异、特色鲜明，但未能充分整合、散小弱差、各自为政，亟须通过高效的市场运作机制来提升旅游资源的利用，如采用多渠道的营销方式和手段进行全方位宣传，形成品牌效应。又如一提到中国冰雪旅游，大家首先想到的是哈尔滨，其他地区的冰雪旅游影响力相对较低。其实崇礼、呼伦贝尔等地同样拥有丰富的冰雪资源，产业规模和旅游产品相对完善，基础配套设施也具有了一定的规模，但是前去游玩的游客大多来自周边地区，国外游客较少。这就使得冰雪旅游地经济效益低，难以持续投入资金完善设施，陷入了低质量循环的境地。由此可见，如何整合旅游资源形成品牌效应，突破当前旅游资源的桎梏是首要任务。

第二节　机制建设与服务供给矛盾突出

一、旅游合作协调机制尚不健全

跨境旅游的顺利发展离不开官方颁布的政策法规、管理机制等章程，基规范了市场活动，确保跨境旅游有序进行。我国很多边境城市都与蒙俄有着密切的经贸往来，如内蒙古边境的二连浩特、满洲里、黑龙江等，边境城市的口岸管理、开放、通关、海关等均需政府进行规范和维持。随着口岸城市开放数量的增多，中蒙俄经济走廊的游客数量与日俱增，对三国跨境旅游提出了挑战，而如何正确有效地处理信息安全、口岸安全、极端主义、恐怖主义等，亟须构建高效的合作机制予以协调。目前中蒙俄跨境旅游市场鱼龙混杂、参差不齐、管理混乱、协调不足、法律法规不健全，导致三国旅游业出现问题未能及时有效地解决，只能依靠仲裁、协调、谈判、商议等手段，不仅费时费力，效率也不高，而且未能及时保护游客权益，可能导致旅游投诉增加。同时，仍然有个别企业采取不正当竞争手段非法招揽游客，强买强卖获取利益，扰乱市场秩序，危害游客权益，给中蒙俄跨境旅游蒙上阴影，亟待高效有序的协调机制来缓解当前矛盾。

二、旅游服务供给能力不足

随着社会经济的飞速发展，人们的生活水平不断提高，对于旅游产品和旅游服务的品质要求也越来越高,不再满足于走马观花式的旅游,而是希望通过旅游活动放松身心、开阔视野,获得美好体验。因此,需要有完善的配套设施和配套服务来确保旅游活动顺利进行。中蒙俄三国旅游服务供给相对较差,在基础设施、人才供给、服务质量、产品类型等方面不尽如人意,无法满足游客的实际需求。如交通运输方面,中俄有三条线路:内蒙古二连浩特到莫斯科;连云港到莫斯科;满洲里到莫斯科,为中俄货物贸易等运输提供了方便。中蒙之间的铁路运输有三条线路:内蒙古二连浩特经过的跨境铁路;内蒙古甘其毛都口岸到达蒙古塔旺陶勒盖;内蒙古满都拉口岸到宗巴彦。中国与蒙俄之间都有跨境铁路,但是三国铁路线路尚未统一,三国货运和贸易往来严重受限。自2015年起,蒙古国开始在中蒙边境地区建设国际通用标准的轨道,而境内却依然采用苏标宽轨道,使得运输能力提升较慢,货运时间长。俄罗斯则一直采用宽轨标准,同样增加了货运的难度,导致在货物进入蒙俄时,需要换轮,效率低下。虽然我国高铁建设持续推进,但是要实现在跨境运输中不换轮变轨的技术还需时日,任重而道远。跨境旅游中航空运输是主要方式,但是中蒙俄三国互联互通的航线少,间隔长,满足不了跨境旅游的需求,特别是在旅游旺季时价格高且一票难求。中国飞往蒙古国的航线只有北京到乌兰巴托,严重滞后于现实需要。公路虽然是重要的交通方式,但是中蒙俄三国公路等级低,难以满足自驾游的需求。由于三国边境地区经济发展水平较低,酒店、餐饮、景区等投入力度不足,游客体验感较差,游客的重游意愿较低。旅游服务意识淡薄,通关缓慢,效率低下,一站式通关依然未能实现。另外,从业人员缺乏且素质偏低依然是比较棘手的问题。我国拥有导游资格证的人数约133万人,但实际从业人员只有40多万人,而旅游服务领域对从业人员的需求是900多万人,大量的缺口导致无证甚至低素质人员混进旅游从业队伍中,不专业的讲解、不周到的服务、不规范的安排等均影响了旅游服务质量,对三国旅游品牌的形象塑造影响较大,阻碍了三国旅游业的健康有序进行。

三、旅游产品创新与宣传力度不足

目前,中蒙俄跨境旅游塑造的品牌只有"万里茶道"和"草原之路",这两条线路在国际上影响力较大,其他线路缺乏竞争力,知名度低,产品结构单一,旅游项目创新性不足,难以形成核心竞争力。俄罗斯地缘优势明显,横跨欧亚大陆,居民出游选择空间大、线路多。中国的旅游产品与欧洲相比,优劣势都较明显。优势是中国具有源远流长的传统文化,上下五千年创造的辉煌历史成就了绚烂多彩的民族风情，文化博大精深；劣势是产品结构单一，亮点不突出，新意不足，旅游产品与传统文化结合度不高，能够给游客留下深刻印象的旅游产品不多。中蒙俄三国跨境旅游仅在边境城市开展较多，未能深入全国市场，影响力较小，丰富多彩的旅游资源未能得到充分有效的挖掘，利用率不高。此外，跨境旅游需要有高品质的旅游产品，但是在当前的营销环境下，同样需要恰当的营销方式来宣传产品、扩大影响力，旅游业已告别"酒香不怕巷子深"的被动时代，必须主动出击，链接各旅游市场，以满足游客实际需求的方式来推广旅游产品。而中蒙俄三国在旅游合作领域中，并未真正做好宣传，营销方式和渠道单一，效果不尽如人意。很多宣传都是凭借博览会、部长会议、文化年等传统方式，未能进行线上线下相结合的方式展开，未能充分利用电子商务平台进行多样化宣传，使得游客对他国旅游资源、旅游产品、旅游线路等知之甚少，三国旅游业深度融合缓慢。

四、人文交流受制于观念定式和文化隔阂

中蒙俄三国文化领域的合作发展不平衡，差异较大。中俄两国合作较频繁，通过举办中国年、旅游年、语言年等文化交流活动来促进两国民间艺术、文化文明的交流，这些艺术活动均由中俄人文合作委员会负责实施，升级为国家项目，可见国家层面给予了高度重视。相比之下，蒙俄、中蒙之间的人文交流较少，活动形式单一、影响力较弱。蒙俄人文交流的规模、数量、人数、效果等与中蒙、中俄相比差距较大，有待进一步提升。究其原因，三国文化交流的不平衡源于历史因素、利益驱动、安全因素等的交织，错综复杂。但是，最重要的深层因素，应该是文化认同的差异。俄罗斯是个超级大国，在世界大国的竞争中经济从强大走向衰落，国际竞争力优势不明显，国民希望通过"强国观念"来重振国家辉煌；蒙古国是一个地理位置特殊的国家，经济水平长期处于不发达状态，物资严重匮乏，民众安全感低，国家独立意识强。

五、文化旅游业基础设施建设不完善，周边服务业发展滞后

旅游业的发展离不开六大要素，分别是"食住行游购娱"，与游客的切身利益息息相关。当前旅游者非常注重旅游体验，游客满意度成为旅游企业的重要目标。中蒙俄三国在旅游服务方面差距较大。中餐有着悠久的历史文化，驰名中外，深受世界游客的喜爱；蒙餐具有独特的民族风情和特色，仪式隆重，让人印象深刻；俄罗斯西餐体现食材多样、技术独特、历史悠久，既有欧洲西餐的内涵，又融入了当

地文化特色，形成了独具一格的餐饮特色。俄罗斯西餐食材种类多，有肉类、奶制品、蔬菜类等，但是以肉类的烤肠为主要特色，烹饪工艺以烤、炖、煎、炸为主，较多地利用各种酱汁、调味汁来提升食物的味道和品质。菜式种类繁多，有俄式面包、奶酪、肉饼、汤品等，可满足不同消费者的喜好。

中蒙俄三国交通方面的网络体系尚未形成，航空、铁路、公路等基础设施建设配不上旅游业的发展，通往旅游景点的大巴、火车等交通较少，快速运输游客的集散中心匮乏。在购物方面，旅游纪念品较少，满足不了游客的购物需求。在娱乐方面，娱乐设施匮乏，娱乐场所少，娱乐活动单一，未能满足游客多样化的活动需求。当旅游基础设施严重匮乏之时，必将影响当地旅游经济的发展，如张家口申办奥运成功后，许多问题日渐凸显，旅游接待能力严重匮乏直接影响了游客的食住行，游客体验感很差，制约了当地旅游业的健康发展。另外，与旅游和文化相关的服务业发展之后，相关配套产品的包装、款式、设计等落后；配套旅游业的金融政策不完善，投融资体系不健全，孵化平台匮乏，很多有创意的文化旅游项目因资金匮乏而无法落地；供需结构不平衡，在影视传媒、艺术品、工艺品市场中，由于信息不畅，导致很多创意十足的剧本、艺术品、文化商品等难以走向市场，未能产生良好的旅游经济效益，无法惠及群众。

六、产业开发和创意管理人才缺乏

人才是产业发展的核心要素，是推动产业不断发展的无尽动力和源泉。中蒙俄经济走廊同样也是文化走廊，其沿线旅游与文化资源极为富集，文化内涵深邃且体量庞大，对从业者的知识储备与技能有了更高的要求。从业者不仅要拥有文学、历史学、管理学、经济学、艺术学等知识基础，还要有良好的沟通和表达能力，要对各国的政治、经济、文化、民俗、语言等有深入的了解。中蒙俄三国的经济发展水平差异明显，蒙古国经济发展相对落后，其文化产业刚刚起步，产业规模偏小，文化产业的管理人才、创意人才、技术人才以及营销人才十分匮乏，难以满足产业发展需要。该国高校数量少，专业设置也少，所培养的专业人才难以满足社会需求，跟不上产业发展的变化，人才匮乏成为制约中蒙俄文化走廊迅速发展的一个因素。此外，中蒙俄文化走廊沿线存在众多高等级、数量多的非遗资源，然而随着社会的飞速发展，很多年轻人未能肩负起文化传承的使命，导致众多传统文化艺术濒临失传。

第八章

推动中蒙俄"万里茶道"旅游合作发展的思考和建议

第一节　强化机制创新与政策协同，夯实合作基础

一、构建中蒙俄特色区域文化旅游合作机制

中蒙俄三国在区域旅游合作中是至关重要的，并且是经济发展的主力军。三国经济基础差异性较大、文化交流沟通协调机制不畅通，在三国协同发展中遇到的障碍较多，区域合作的协同创新机制构建滞后，其他国家和地区跨境旅游的成功经验为中蒙俄跨境旅游的合作与发展带来了良好的示范效应，将成功经验运用到三国的旅游合作中，为新的发展模式与合作机制的构建奠定良好的基础。

首先，构建定期高层会晤机制及区域旅游合作机构。"中蒙俄跨境旅游协调发展委员会"的成立，全面有效协调吃住行游购娱等各项活动，以确保旅游活动的顺利进行，不断推进中蒙俄跨境旅游合作。三国制定统一的战略发展规划，确保政策的一致性，并且建立定期会晤机制，共同协商发展大计，解决实际困难，推动区域跨境旅游的深入发展，在国际上形成统一的形象。

其次，建立资源与信息共享机制。旅游信息和旅游资源在旅游业的发展中有着举足轻重的作用，其影响着旅游市场的开发程度。在中蒙俄跨境旅游合作中，由于三国旅游资源差异性较大，民俗风情各不相同，经济发展水平迥异，地缘环境千差万别等，使得旅游信息在传递、交流、沟通中存在不深入、不畅通的现象。要秉承互助、合作、共赢的发展理念，建立健全完善的信息沟通机制，将三国旅游资源与旅游信息有效整合，实现旅游产业的上下游对接成功，实现资源与信息共享，旅游业互惠互利发展。

二、提升对外开放度以推动旅游便利化

中蒙俄三国应秉持区域经济高度一致、快速发展的原则来拓宽合作领域，实现联动营销，通过制定一系列互惠互利的政策，不断开发新的旅游产品，实现旅游业的协同发展。具体来说，可以在三国的边境地区开展有序的旅游活动，因为边境地区地理位置特殊且重要，是跨境旅游合作的重要基础，边境旅游的健康有序发展有

利于推动三国旅游业的深度融合。"万里茶道"构建的旅游联盟，将三国旅游业融入了健康联动的发展状态，通过不断举办节庆活动、推广民俗活动、宣讲旅游产品，吸引三国居民加大贸易往来，促进边境地区贸易的繁荣发展。东盟、欧盟的区域经济协调发展效应在全球有一定的示范带动性，中蒙俄要向它们学习，从边境游突破不断纵深发展，将跨境旅游市场推向深入，真正实现区域旅游一体化。例如，中国的满洲里作为连接中蒙俄三国重要的口岸，地理位置极其特殊，是发展边境旅游的最大优势，成为三国旅游合作的重要窗口，为沿线其他城市的跨境旅游合作奠定了基础。依托满洲里独具特色的地缘优势，将跨境旅游线路不断纵深延长，实现"以点带线、以线带面"的辐射效应。2006年东盟各国签署了《东盟各国互免签框架协议》，成员国公民可以享受14天内的免签待遇，有效地推动了各成员国之间的贸易往来，不断将东盟地区的旅游合作推向新高。中蒙俄政府应不断打开旅游市场的开放度，推行免签制度，实现游客、要素、产品的自由流通，鼓励三国旅游企业不断进行优势互补、多元经营，在资金、产品、技术、管理等方面互通有无，同时加强基础设施建设力度，提高跨境旅游竞争力，为三国旅游合作提供坚实的保障。

三、统一旅游市场监管制度

跨境旅游的深入发展需要多方面条件的协同配合，基础设施、资源开发、人力资源等均是必要条件。中蒙俄三国经济发展水平差异大、居民价值观与消费观不同，在旅游服务技术与标准方面各国存在较大差异。因此，能否理顺跨境旅游的资源禀赋，"求同存异"成为当务之急。

中蒙俄旅游市场由于长期未能形成有效统一的管理标准和法律法规，经营状态较混乱，亟须市场监管来理顺旅游合作机制，实现标准化和统一化经营。首先，成立中蒙俄监督委员会，确保三国旅游合作的顺利进行，建立三国旅游业标准与规范，在导游员服务规程、酒店管理规范、基础设施、公共设施、投诉管理等方面均要逐步规范、建立健全。其次，构建旅游监管服务平台，提升游客满意度，不断创新管理体制、制定规范政策等，使得旅游市场健康有序地发展。再次，建立顺畅的旅游投诉通道和投诉处理机制。旅游业的投诉问题一直以来是游客关注的焦点，能否高效快捷地处理旅游投诉，给游客满意的答复关系到游客满意度和旅游目的地形象。可以采用线上线下平台相结合来处理旅游投诉，建立健全监督管理机制，采取随机抽查、重点检查等日常性工作，逐步规范中蒙俄跨境旅游市场，实现三方合作共赢发展。从次，建立信用监督体系，采用激励机制，基于信用评价指标体系，对旅游企业不定期抽查、检查，并将检查结果予以公示，对于经营管理效益好的企业给予支持和鼓励，不合格企业给予通报批评和整顿，推进市场运营秩序向良性发展。最后，法律法规体系也需要不断加强和完善，出台一系列法律法规，解决跨境旅游合作中的矛盾和纠纷，解决旅游投诉，将问题和矛盾及时处理，提升游客满意度，增加重游意愿，树立良好的旅游目的地形象。

四、国家政策引领，地方政府落实次区域文化旅游合作节点与内容

2014年中蒙俄旅游联席会议提出了要大力发展非遗旅游、文化旅游和考古旅游，要凭借"丝绸之路、草原之路"等载体，打造具有较高影响力的旅游品牌。2015年"万里茶道"被列为国际十大旅游品牌，借助该品牌效应，将沿线各城市的经贸带动起来，旅游经济崛起迅速。随着国家良好政策的扶持，茶叶之路带来的品牌效应日益凸显，茶文化、饮食文化、宗教文化等均融入了旅游产品中，包括大量的文化遗产融入其中，让游客沉浸式体验茶路之韵，采用创新的旅游发展方式推动跨境旅游的发展进程。"一带一路"同样为中蒙俄跨境旅游带来了发展契机，三国协同发展旅游产业、文化产业，互利共赢，共同繁荣，成为经济共融、政治互信、文化互通的利益共同体，借助各自优势资源打造新型产业，逐步形成产业结构齐备的体系。

第二节　深化产品开发与产业融合、激活市场动能

一、加强基础设施建设与人才培养

随着中蒙俄旅游贸易往来日渐繁盛，游客数量与日俱增，游客需要日益提高，旅游基础设施的建设和旅游产品的开发已满足不了游客的需求，导致游客满意度降低，旅游投诉增加。中蒙俄三国应在基础设施建设、景区配套设施、旅游产品开发、人力资源引进、旅游市场规范等方面加大投资力度，确保三国跨境旅游顺畅进行。首先，加快三国铁路设施的建设步伐，推进铁轨统一，有效提升运输效率。增开中国到蒙古国、俄罗斯等地的高铁，方便游客和居民出行，加快实现互联互通；增开航线，三国彼此航线继续增加，节约时间成本，特别是在旅游旺季时能更好地满足游客的需求。航空公司可以和旅行社联合推出旅游航线，通过线上线下平台销售，开发出多样的旅游产品供游客选择，如"机票+酒店、机票+门票"等，既能

满足游客的出行需求,又能提升航空公司、旅游景区等的经济效益。不断完善交通干线的建设进程,将主干线延伸至偏远地区,将旅游景区与主干线互联互通,提高公路等级,保障旅游活动顺利进行。其次,不断加大旅游接待能力的投资力度,在住宿、餐饮、购物、娱乐、金融、医疗等方面提供完善的保障,以解决游客的后顾之忧。特别是餐饮方面,可以与高端酒店品牌联合推出符合当游客饮食偏好的产品,不断提高酒店服务和产品质量,提升游客旅游体验,完善旅游服务体系,加强旅游电子商务的建设,共享旅游信息,实现景区服务一体化,方便游客的出行。

旅游业人才培养和人才流失的问题一直困扰着旅游业发展,特别是在边境旅游地区,如何才能留住优秀的人才,对于三国旅游业的深度合作具有重要的意义。通过建立人才培养机制,采用"请进来、走出去"的方式,实现三国在教育领域的合作共荣,通过学生们的交流访学、升学留学等将各国的文化、风俗、习惯、资源、宗教等传入其他国家,加大语言的学习,涌现出越来越多的旅游管理专业人才。同时,三国还可以举办各类旅游人才专业培训,在理论知识、实践技能等方面不断加强训练,增强其专业性。如阿尔山的中蒙俄东北亚旅游商务合作学院就是中蒙俄联合办学的示范点,成立于2017年,通过教学信息、教学资源的共享,为三国旅游业培养专业人才。

二、打造特色旅游和品牌化经营

随着人们对休闲旅游的追求、消费观念的转变,乡村旅游、周边自驾游等成为当前比较流行的旅游方式,人们更愿意通过旅游走出家门,享受那份轻松与惬意,享受田园生活的宁静与淳朴,滑雪、垂钓、亲子、采摘、研学等旅游主题备受人们青睐。中蒙俄具有唇齿相依的地缘关系,在自然资源、人文资源方面既有共性又有差异性,三国具有很强吸引力,如何求同存异成为三国旅游业发展的突破口。依托资源禀赋极高的旅游资源,推出一系列独特的跨境游、环海游、自驾游、周边游、乡村游、冰雪游等旅游线路,如"长春—哈桑区—安德烈耶夫卡度假游""中、蒙、俄游牧之旅""蒙古国吉普之旅"等中蒙俄特色旅游产品。

中蒙俄三国地理位置特殊,冰雪资源是共有的资源之一,为开发丰富多样的冰雪旅游产品奠定良好的资源基础。借着俄罗斯索契冬奥会的成功举办,向全世界推广冰雪旅游产品,将区域合作逐步扩展至各国、各城市,实现互利共赢的局面,打造成功的冰雪旅游品牌。例如,每到冬季时节,中国的广东、云南、海南等地温暖如春,吸引着大量蒙古国和俄罗斯的游客前来休闲度假旅游;由于俄罗斯气候寒冷，独特的地理位置使得其建筑具有浓郁的欧洲风情，对中蒙游客有着巨大的吸引力；蒙古国地广人稀，拥有很多纯天然、神秘的自然资源，对中俄游客吸引力较强。由此可见，中蒙俄三国的旅游资源各具特色，形成互补，可以通过旅游合作实现优势互补，差异经营，根据游客的不同需求制定不同的旅游产品和旅游线路，以实现资源的最大化利用和游客满意度的提升。可以推出标准行程＋自由行程的组合，游客拥有极高的自由度和灵活度，旅游体验随之提升。

中蒙俄旅游合作应继续朝着品牌化的方向发展，共同开发旅游资源和旅游产品，塑造良好的区域旅游品牌形象，加大宣传力度，将跨境旅游品牌深入人心，成为极具竞争力的品牌效应。那么，如何打造品牌呢？首先要基于资源基础和文化底蕴，提炼民族特色和传统文化，打造极具特色的旅游产品。其次做好市场细分，了解游客需求，将冰雪奇缘、民族风情、茶叶之路等产品推向国际市场。最后通过线上线下相结合、传统媒体与新媒体融合的手段，全方位、多层次地打造三国跨境旅游品牌，通过各类博览会、艺术节、文化节等活动将该名片传向世界。

三、以跨境文化产业走廊建设为基础，夯实文化旅游开发产业支撑

中蒙俄三国民族文化差异大，但文化底蕴深厚且绚烂多彩，尤其是中国有着五千多年的文明史，博大精深。深厚的文化底蕴为三国跨境旅游的发展奠定了良好的基础。三国在开发旅游产品时，可以融入草原文化、民俗文化、红色文化等，打造具有浓郁民族特色的旅游产品，融入当代社会的核心价值观，让游客感受他国之美。还可以通过科学规划、实地调研、专家访谈等方式，不断开发创意丰富的旅游新业态、新产品，将中蒙俄经济走廊、"万里茶道"等沿线绚丽多彩的游牧文化、冰雪文化、藏传文化民俗文化等串联起来，形成独具魅力的跨境旅游产品，不断摸索创新的营销模式，构建良好的市场运营体系，实现三国文化旅游市场的健康发展。

中蒙俄旅游随着共建"一带一路"倡议的推进，其重要性日益凸显。依托地缘优势、资源优势、文化优势开展的跨境旅游，发展空间和溢出效应更大，在三国文化交流、经贸往来、社会发展中起着重要的纽带作用，对经济发展起着支撑作用，是未来三国经贸合作的重要领域和方向。

四、以中蒙俄经济走廊建设为依托，多角度、多层次开发跨境文化旅游产品

中蒙俄"万里茶道"在历史舞台上为人类文明与文化的传播做出不可磨灭的贡

献，对重要节点城市的发展有重要的促进作用，将各国文化、文明传向全世界。目前，比较著名的品牌线路有"万里茶道"、和平之旅等，对于推动中蒙俄三国旅游深度合作发挥了重要作用。内蒙古有国家级对外开放口岸20个，其中铁路口岸2个、公路口岸12个、航空口岸6个。其中，4个对俄口岸，10个对蒙口岸，边境旅游业务日渐成熟，跨境旅行社的数量日益增加，为多层次、全方位、多角度发展跨境旅游业务，推动中蒙俄为经济走廊多样化发展做出贡献。

2018年，陆续推出了《中国的北极政策》《俄罗斯联邦2035年前旅游发展战略》等政策，中俄共同打造"冰上丝绸之路"，两国决心将独特风情的民族文化、绚丽多彩的自然风光、巍峨险峻的山脉等展示在世人面前。该线路成为我国东北地区和俄罗斯远东及西伯利亚等地连接的纽带，通过整合沿线的旅游资源，联合开发产品，实现了协同效应，极大地促进了区域经济发展。中国是一个具有悠久历史的文明古国，拥有众多世界著名的旅游景点，如故宫、兵马俑、颐和园、泰山等，因其极具东方特色而深受游客喜爱，展现了中国作为东方大国的文化魅力。俄罗斯是一个东西方文化交融的国家，拥有众多热门的打卡网红景点，如红场、列宁墓、普希金故居等，吸引着大量的中国游客前去参观，带动了跨境旅游的发展，满足了游客多元的旅游需求，推动三国跨境旅游再创新高。

五、凸显特色：整合发展草原文化、蒙古文化和宗教文化

中蒙俄境内拥有众多的少数民族，匈奴、契丹、突厥、拓跋等，在历史长河中形成了蒙古族为主体，文化形态各异的状态。因此，三国应该充分挖掘各少数民族文化内涵，不断进行整合，形成文化特色鲜明的经济走廊。以游客的需求为出发点，串联各旅游景点，开发设计多样的旅游产品和旅游活动，增加游客的参与度，提升旅游体验和满意度，创造良好的文化交流平台和市场格局。

内蒙古与蒙俄接壤且位于北疆地区，拥有大草原、大牧场，衍生出丰富多彩的草原民俗文化，特别是每年举办的那达慕大会成为极具代表性的民族传统活动，是草原民族的盛会，是草原文化的集中体现。草原民族有一个共同的特点就是能歌善舞，蒙古国也是礼仪之邦，他们拥有特殊的接待礼仪、饮食文化、民风民俗，吸引着众多游客。草原民族住的蒙古包，是承载了草原文化的建筑艺术，同样蒙古族的饮食文化、游牧习俗等，是草原民族令人神往的主要原因。

俄罗斯有着多样的宗教文化，在1 000多年的历史长河中产生深远影响的宗教有东正教、多神教等，对俄罗斯的政治、经济、文化、艺术、科技等领域均有不可

磨灭的影响，深深地烙印在社会生活的方方面面。特别是对某些领域的影响更为深远，如建筑和艺术。建筑长期以来一直是各国、各民族文化的集中体现和表现载体，俄罗斯的建筑均体现了东正教的内涵，展现了强大的影响力。

蒙古国的典型文化是草原文化，是游牧民族在长期的生产生活中形成的独特生活方式和民风民俗，是为了适应生存条件而逐步形成的代表性文化。草原文化游牧民族艺术体现在那达慕、长调、马头琴等艺术形式。蒙古国是礼仪之邦，日常生活均有规范的礼仪，如献哈达、敬酒、敬茶、餐桌礼仪、鼻烟文化等。图腾也是蒙古国重要的信仰图腾，他们的民族图腾是狼，长期以来被视为兽祖，代表游牧民族团结、奋进、不屈不挠的精神。蒙古文化还有另一个重要的组成部分就是民族音乐，马头琴有着举足轻重的地位，它不仅是乐器，更是信仰、传承，寓意吉祥如意、幸福安康，在蒙古族的生产生活、历史文化中占据重要的地位。

六、构建传播网络：发挥新媒体作用，创新产品推广营销模式

多媒体平台在中蒙俄经济走廊的建设中奠定了良好的信息化基础，通过全方位、多渠道地立体化营销，打造文化品牌，全面细致地通过微博、微信、抖音等平台，以文字、图片、视频等形式展示三国绚烂多彩的旅游文化资源、独具特色的民风民俗，将各类优质资源采用线上线下相结合的方式全方位展示，注重内容输出，将高质量、独具魅力的文化产品推出去，举办各类丰富多彩的活动，增加游客的参与度，如趣味体育、节庆活动、摄影大赛、摔跤大赛、民族歌舞大赛等，打造有影响力的文化品牌，将知名度与美誉度传到全世界。中蒙俄文化走廊资源禀赋高、文化底蕴深厚，具有多元化、外向化、国际化等特点。伴随着丝绸之路和"万里茶道"的快速发展，各产业联动加快，突破了时间、地域和空间的局限，不断协同发展、大放异彩。例如，采用数字化营销手段，融入智能与科技元素，将数字技术与文化产业相融合，突破传统贸易壁垒，给游客提供身临其境的旅游体验，既增强了游客满意度，又缩短了交易时间且降低了交易成本，贸易可达性逐步提升。现在很多企业均开通了线上销售渠道，通过数字金融、数字贸易等模式推进数字文化产业的可达性，同时出台一系列政策法规来规范数字产业的行为，提升数字文旅的进程。构建各部门联动模式，做好数字文旅的营销，积极打造跨境文化品牌，推动中蒙俄经济走廊走向繁荣。

参考文献

[1] 刘雪梅.共享"一带一路"发展机遇内蒙古推进"中蒙俄经济走廊"建设战略选择[J].内蒙古统计，2015(6)：44-46.

[2] 单浩杰.内蒙古建立"中蒙俄经济走廊"战略中的几点思考[J].国际物流，2015(12)：129-131.

[3] 张悦，董烈刚，陈红兵.中间商与近代中国对外贸易制度：以近代华茶对外贸易为例[J].财经研究，2014(7)：132-144.

[4] 张永军，赵秀清，康磊，等.内蒙古推进"中蒙俄经济走廊"建设的难点、重点及对策[J].北方经济，2015(9)：34-38.

[5] 王厚双，朱栾绮.中蒙俄建设"中蒙俄经济走廊"的战略价值取向比较研究[J].北方经济，2015(9)：54-57.

[6] 丁晓龙.内蒙古与俄罗斯贸易形势分析及建议[J].北方经济，2016(2)：36-39.

[7] 赵秀清.俄蒙发展战略环境变化及对内蒙古与俄蒙合作的影响[J].前沿，2015(2)：3-8.

[8] 于洪洋，欧德卡，巴殿君.试论"中蒙俄经济走廊"的基础与障碍[J].东北亚论坛，2015(1)：96-107.

[9] 梁鲜桃.内蒙古与俄蒙经贸合作问题研究[J].双多边合作，2015(9)：70-72.

[10] 王淑敏.中蒙俄贸易结构对实现中蒙俄经济走廊的影响及对策[J].海关与经贸研究，2017(5)：86.

[11] 西仁塔娜.中蒙俄经济走廊建设探析：一种跨境次区域合作视角[J].俄罗斯东欧中亚研究，2017(4)：83.

[12] 庄国土.从闽北到莫斯科的陆上茶叶之路：19世纪中叶前中俄茶叶贸易研究[J].厦门大学学报（哲学社会科学版），2001(2)：119-126.

[13] 定光平，邱红梅.清以降羊楼洞茶区的山西商人[J].山西师大学报（社会科学版），2004(2)：36-43.

[14] 张正明，张梅梅.清代晋商的对俄茶叶贸易[J].农业考古，1997(4)：119-123.

[15] 金峰.清代内蒙古五路驿站[J].内蒙古师范学院学报（哲学社会科学版），1979(1)：20-33.

[16] 高亚利，刘清波.多伦汇宗寺的兴建及其演变[J].文物春秋，2004(5)：14-19.

[17]张汉君.贝子庙建筑及相关问题探析[J].内蒙古文物考古,1999(2):74-85.

[18]赖毅.旅游交往促进中俄民心相通[N].经济日报,2017-07-03(9).

[19]苏全有.论清代中俄茶叶贸易[J].北京商学院学报,1997(1):51-55.

[20]许檀.清代山西归化城的商业[J].中国经济史研究,2010(1):119-129.

[21]舒曼.古代张家口茶马互市与张库大道(茶叶之路)之刍议[J].农业考古,2014(2):215-222.

[22]金峰.清代外蒙古北路驿站[J].内蒙古大学学报(哲学社会科学版),1979(2):77-104.

[23]陈容凤."万里茶道"福建段史迹调查及初步研究[J].福建文博,2017(1):41-46.

[24]李博,韩诗洁,黄梓茜.万里茶道湖南段文化线路遗产结构初探[J].湖南社会科学,2016(4).

[25]刘杰.万里茶道(湖北段)文化遗产调查与保护[J].中国文化遗产,2016(3).

[26]陶德臣.古代北方东西两口的茶叶贸易[J].茶业通报,2003(2):84-86.

[27]喻瑜,刘峰.羊楼洞茶区在中俄茶贸易中的地位及发展趋势[J].价值工程,2015(27):24-26.

[28]魏铎.呼和浩特各宗教的历史与现状[J].广播电视大学学报(哲学社会科学版),2007(3):99-101.

[29]双宝.近代呼和浩特多元宗教文化共存及成因分析[J].大连民族学院学报,2015(6):543-548.

[30]马宁.试论清代回族人口大规模迁入内蒙古地区的主要原因[J].前沿,2016(8).

[31]宿丰林.清代恰克图边关互市早期市场的历史考察[J].求是学刊,1989(1).

[32]周建波.旅蒙晋商在蒙古地区的开发与经营[J].中国地方志,2009(2):50-54.

[33]牛国祯,梁学诚.张库商道及旅蒙商述略[J].河北大学学报,1988(2):6-11.

[34]邓沛勇.康雍乾时期的中俄贸易关系[D].哈尔滨:哈尔滨师范大学,2012.

[35]郝玉凤.中俄恰克图边境贸易述论[D].长春:东北师范大学,2007.

[36]孙蕊.中俄早期茶叶贸易述论[D].福州:福建师范大学,2013.

[37]韩金科,朱自振.明清茶书补遗[J].茶叶报道,2000,22(2).

[38]王力.清末茶叶对外贸易衰退后的挽救措施[J].中国社会经济史研究,2005(4):75-82.

[39]阚能才.唐宋时期的研茶与碾茶[J].农业考古,2013(2):92-95.

[40]姜欣,姜怡.引领中华茶文化互文传承与传播的典籍:茶经[J].农业考古,2014

（2）：167-170.

[41] 余悦. 中国茶文化研究的当代历程和未来走向 [J]. 江西社会科学，2005（7）：7-18.

[42] 陶德臣. 中国茶向世界传播的途径与方式 [J]. 古今农业，2014（4）：46-56.

[43] 陶德臣. 中国古代茶叶区域市场起源初探 [J]. 贵州茶叶，2008（4）：20-25.

[44] 邢野，王新民. 内蒙古十通. 旅蒙商通览 [M]. 呼和浩特：内蒙古人民出版社，2008.

[45] 邢野. 内蒙古通志第二编 [M]. 呼和浩特：内蒙古人民出版社，2007.

[46] 邢野. 内蒙古通志第三编 [M]. 呼和浩特：内蒙古人民出版社，2007.

[47] 额斯日格仓，包赛吉拉夫. 蒙古族商业发展史 [M]. 沈阳：辽宁民族出版社，2007.

[48] 德山乌日娜，赵相璧. 蒙古族古代交通史 [M]. 沈阳：辽宁民族出版社，2006.